AF451863

CATALOGUE
DE LIVRES
RARES OU CURIEUX

EN VENTE

AUX PRIX MARQUÉS

PARIS

THÉOPHILE BELIN, LIBRAIRE

29, Quai Voltaire, 29

—

28e Année — Décembre 1902 — No 272

3815. Abailard et Héloïse. Lettres d'Abailard et d'Héloïse traduites sur les manuscrits de la bibliothèque royale, par M. Oddoul ; précédées d'un essai historique, par M. et Mme Guizot. *Paris, Houdaille*, 1839 ; 2 vol. gr. in-8, demi-veau brun, dos orn., tr. marb. (*Rel. de l'époque*). 18 fr.

Illustrées par *J. Gigoux*, de deux frontispices en couleur, et 38 planches gravées sur bois, tirées sur Chine monté. PREMIER TIRAGE des figures gravées par *Quartley, Brevière, Godard, Roux, Lavoignat, Sears, Guilbaut,* et *Rambert*. Édition avec le texte latin. Bel exemplaire, témoins.

3816. Abra de Raconis (Charles-François d'). Examen et Jugement du livre de la Fréquente Communion, fait contre la fréquente communion, et publié sous le nom du sieur Arnauld. *Paris, Cramoisy*, 1644 ; in-4, mar. rouge, dos orné, double rangée de fil., tr. dor. (*Duseuil*). 60 fr.

Un des ouvrages dirigés contre les opinions religieuses, que soutenait alors le célèbre janséniste Arnauld.

3817. Aicard (Jean). La Chanson de l'Enfant. *Paris, G. Chamerot*, 1884 ; in-4, br. 10 fr.

128 compositions par Lobrichon, avec la collaboration de E. Rudaux, gravées sur bois par *L. Rousseau*.

3818. Aicard. Le Roi de Camargue. *Paris, E. Testard*, 1890 ; pet. in-8, br. 10 fr.

Très jolies illustrations, dans le texte et hors texte, par *Georges Roux*. Bel ouvrage, publié à 25 francs, d'une impression typographique parfaite.

3819. Albert le Grand. Tractatus magistri Alberti magni, doctoris eximii, episcopi ratisponensis, de veris et perfectis virtutibus, als Paradisus anime nuncuplatus. (In fine :) *Impressus Argentine per Martinum Flach, anno Millesimo quadringentesimo nonagesimo octavo,* (1498), *mensis Julias die decimo ;* pet. in-4 goth. de 36 ff. (le dernier blanc) à 2 col., cart. 50 fr.

Incunable imprimé à Strasbourg, par Martin Flach. — Déchirure au titre et cachets de bibliothèques.

3820. Albin et Derham. Histoire naturelle des Oiseaux, ornée de 306 estampes qui les représentent parfaitement au naturel, dessinées et gravées par Eleazar Albin, et

augmentée de notes et de remarques curieuses par W. Derham. *A La Haye, chez Pierre de Hondt,* 1750 ; 3 vol. in-4, mar. rouge, dos orné, fil., tr. dor. (*Rel. anc.*). 150 fr.

305 planches en taille-douce. -

3821. Alboize et Ch. **Élie.** Fastes des gardes nationales de France. *Paris*, 1849 ; gr. in-8, demi-rel. chagrin violet. 8 fr.

Figures hors texte gravées sur acier.

3822. Alciat. Livret des Emblemes de maistre André Alciat, mis en rime francoyse, et présenté à Monseigneur l'Admiral de France (par Jehan le Fevre). *On les vend à Paris, en la maison de Chrestien Wechel,* 1536 ; in-8, réglé, fig., veau brun, comp. à froid. (*Rel. anc.*). 120 fr.

PREMIÈRE ÉDITION française des Emblèmes d'Alciat, ornée de figures sur bois. Ces figures au nombre de 112 sont les mêmes (sauf quelques variantes) que celles qui ornaient l'édition latine publiée par Wechel en 1534. Ces figures passent pour avoir été dessinées par un artiste de Bâle et gravées par *Mercure Jollat*. Bel exemplaire.

3823. Alciat (A.). Les Emblemes de maistre André Alciat, puis nagueres augmētez par ledict Alciat et mis en rime françoise avec curieuse correction. *Paris, Chrestien Wechel,* 1542 ; in-12, veau, fil., dos orné. (*Rel. anc.*). 100 fr.

Cette édition contient le texte latin des Emblèmes et leur traduction française par Lefèvre. Elle est ornée de 115 gravures sur bois.

3824. Alciat. Omnia Andræ Alciati V. C. Emblemata, cum commentariis, quibus Emblematum aperta origine, mens authoris explicatur, et obscura omnia dubiaque illustrantur. Per Claudium Minoem. *Parisiis, Marnef et Cavellat,* 1583 ; in-8, veau. 12 fr.

Figures sur bois.

3825. Alexandre (Arsène). Honoré Daumier, l'homme et son œuvre. *Paris, Laurens,* 1888 ; gr. in-8, br. 10 fr.

Portrait à l'eau-forte, 2 héliogravures et 47 illustrations dans le texte.

3826. Angelo L'École des armes avec l'explication générale des principales attitudes et positions concernant l'escrime. *Londres, R. & J.*

Dodsley, 1763 ; in-fol. obl., mar. rouge, dos orné, fil. et dent. sur les plats, tr. dor. (*Rel. anc.*). 200 fr.

Première édition de cet excellent traité d'escrime, orné de 47 belles planches par *Gwyn, Ryland, Hall, Chamber*, etc.

3827. Année Chrétienne (L'). Ordinaire de la Sainte Messe. *S. l. n. d.* ; 6 vol. in-12, mar. rouge, doubl. de mar. rouge, fil., dent. int. (*Rel. anc.*).   60 fr.

3828. Arago (Fr.). Œuvres complètes publiées d'après son ordre sous la direction de J.-A. Barral, 12 vol. — Astronomie populaire, par le même, 4 vol. — Table des Œuvres complètes. — *Paris, Gide et Baudry,* 1854-1862. — Ens. 17 vol. gr. in-8, demi-rel. dos et coins de mar. rouge, tête dor., *non rognés (Belz-Niédrée).*   130 fr.

Exemplaire sur GRAND PAPIER DE HOLLANDE, provenant de la bibliothèque de JULES JANIN.

— *Le même.* 17 vol. in-8, br. 50 fr.

3829. Ardouin-Dumazet et Paul **Gers.** Au Régiment. — En Escadre. *Paris et Nancy, Berger-Levrault,* 1894 ; gr. in-8, br. 8 fr.

350 illustrations dans le texte d'après des photographies instantanées.
Signature de l'auteur sur le faux-titre dont la partie supérieure a été découpée.

3830. Arioste. Orlando furioso. *Venetia, hered. Vincenzo Valgrisi,* 1580 ; in-4, vélin.   40 fr.

Édition recherchée, imprimée en caractères italiques et publiée avec les annotations de Ruscelli et la vie de l'auteur par G.-B. Pigna ; ornée de belles et nombreuses figures sur bois avec encadrements.

3830bis. Arioste. Roland furieux, traduit par le comte de Tressan. *Paris, Nepveu,* 1822 ; 3 vol. gr. in-8, veau gris, dos orné, comp. à froid, tr. dor. (*Martin*).   30 fr.

Portrait et figures par *Colin* gravés par *Pauquet.*
Exemplaire en GRAND PAPIER VÉLIN, avec les figures AVANT LA LETTRE.

3831. Arnaud (A.-F.). Voyage archéologique et pittoresque dans le département de l'Aube et dans l'ancien diocése de Troyes. *Troyes, Cardon,* 1837-1843 ; gr. in-4, br. 50 fr.

Importante publication ornée de nombreuses planches lithographiques.

3832. Assoucy. Les Avantures d'Italie par Monsieur d'Assoucy. *Paris, impr. d'Ant. de Rafflé,* 1677 ; in-12, bas., dos orné, tr. dor. 25 fr.

Cet ouvrage renferme de piquants détails de voyages entremêlés de pièces de vers.

3833. Aubert (L'abbé). Fables et Œuvres diverses. *Paris, Moutard,* 1774 ; 2 vol. in-8, veau fauve, dos orné, fil. (*Rel. anc.*).   15 fr.

Deux frontispices de *Cochin,* gravés par *Tillard et Aug. de Saint-Aubin.*

3834. Aubert (P.-A.). Traité raisonné d'équitation d'après les principes de l'école française. *Paris, Anselin,* 1836 ; in-4, demi-bas., *non rogné.*   60 fr.

Ouvrage intéressant sur l'équitation : il est illustré de 41 lithographies donnant tous les principes d'équitation. Rare. Ex dono de l'auteur.

3835. Aubigné (Agrippa d'). Les Avantures du baron de Fœneste. Nouvelle édition augmentée de plusieurs remarques historiques, de l'histoire secrète de l'auteur, écrite par lui-même. *Amsterdam,* 1731 ; 2 vol. in-12, mar. La Valière, tr. dor.   20 fr.

Édition enrichie de notes par Le Duchat.

3836. Augier (Émile). Lions et Renards, comédie en cinq actes, en prose. *Paris, Michel Lévy,* 1870 ; in-8, mar. rouge, dos orné, fil., tr. dor. (*Behrends*).   25 fr.

ÉDITION ORIGINALE avec envoi autographe de l'auteur.

3837. Auli Gellii Noctum Atticarum libri undevigenti (nam octavus desideratur) una cum haud aspernandis Jodoci Badii Ascensii annotationibus cumque iudicio diligentissime collecto atque grecorum explanatione suis locis inserta. (A la fin :) *Hoc em insigne opus excussum en anno* 1518, *pridie calene, Januaris ;* in-4 de 8 et 167 ff., veau, comp. à froid.   50 fr.

Le titre porte la marque de Guillaume le Bret, libraire parisien.
Exemplaire et reliure fatigués.

3838. Autran (Joseph). Ludidra ventis, poésies nouvelles. *Paris, Rossignol,* 1838 ; in-8, demi-rel. chagr. brun, éb. (*Fechoz*).   7 fr.

ÉDITION ORIGINALE.

Et de Livres anciens et modernes

3839. **Avis** aux Gens de lettres (par Charles-Georges Fenouillot de Falbaire). *Liège (Paris)*, 1770; in-8, demi-rel. dos et coins de mar. rouge, tête dor., *non rog*. (*Loisellier*). 10 fr.

Contre les libraires. Robert Estienne a publié une réponse ironique sous le titre de Remerciement à l'auteur de « l'Avis aux gens de lettres ».

3840. **Bachelin-Deflorenne.** La Science des Armoiries, avec gravures dans le texte. *Paris, libr. des Bibliophiles*, 1880 ; in-8, demi-rel. dos et coins de mar. rouge, tête dor., *non rogné*. 12 fr.

3841. **Balzac** (Guez de). Œuvres choisies de Balzac, de l'Académie française, précédées d'une notice (par A. Malitourne). *Paris, Trouvé*, 1822 ; 2 vol. in-8, demi-rel. veau fauve, dos ornés, tr. marbr. 6 fr.

Bonne édition des Traités et Dissertations de Balzac, ornée d'un portrait gravé par *A. Tardieu*. On a ajouté un second portrait sur Chine, dessiné par *A. Duc*.

3842. **Banville** (Théodore de). Les Exilés. *Paris, Alphonse Lemerre*, 1867 ; in-12, portr., br. 20 fr.

L'un des dix exemplaires sur PAPIER DE CHINE, de l'ÉDITION ORIGINALE.

3843. **Barbou** (Alfred). Le Chien. Son histoire, ses exploits, ses aventures. Ouvrage illustré de 87 compositions par Emile Bayard, Couturier, Ch. Jacque, etc. *Paris, Jouvet*, 1883 ; in-8, br. 6 fr.

3844. **Barthélemy.** Le Zodiaque, satires. *Paris, Lallemand-Lépine*, 1846 ; in-8, br. 5 fr.

PAPIER VÉLIN.

3845. **Baschet** (Armand). Le Duc de Saint-Simon, son cabinet et l'historique de ses manuscrits d'après des documents authentiques et entièrement inédits. *Paris, Plon*, 1874 ; in-8, front., demi-chag. brun, *non rogné*, couv. cons. 12 fr.

3846. **Batissier.** Histoire de l'art monumental dans l'antiquité et au moyen-âge, suivi d'un traité de la peinture sur verre. *Paris, Furne*, 1845 ; gr. in-8, demi-chag. marron, dos orn. 20 fr.

ÉDITION ORIGINALE, illustrée de 4 planches tirées en couleur et d'un grand nombre de vignettes sur bois, dessinées par *Sagot* et gravées par *Quartley*. Exemplaire contenant des notes marginales au crayon.

3847. **Baudouin de Guémadeuc.** L'Espion dévalisé. *Londres*, 1782. — **Linguet.** Mémoires sur la Bastille et la détention de l'auteur dans ce château royal. *Londres*, 1783 ; Ens. deux ouvrages en un vol. in-8, veau marbré. 6 fr.

Curieux frontispice.

3848. **Bayard.** Histoire du gentil Seigneur de Bayard, composée par le Loyal Serviteur. Edition rapprochée du Français moderne avec une introduction, des notes et des éclaircissements par Lorédan Larchey. *Paris, Hachette*, 1882 ; gr. in-8, demi-rel. chagrin rouge, plats toile, tr. dor. (*Rel. de l'éditeur*). 15 fr.

8 planches, 3 titres, 1 carte, 1 portrait, 34 grandes compositions et portraits et 187 gravures dans le texte.

3849. **Bazire** (Edmond). Manet. Illustrations d'après les originaux et gravures de Guérard. *Paris, A. Quantin*, 1884 ; in-8, br. 6 fr.

3850. **Beaumarchais.** Œuvres complètes. *Paris, Léop. Collin*, 1809 ; 7 vol. in-8, demi-rel. mar. rouge, dos orné, *non rognés*. 40 fr.

ÉDITION ORIGINALE COLLECTIVE publiée par Gudin, ancien secrétaire de Beaumarchais.
Figures gravées au trait par *Gautier ainé*.

3851. **Beaumarchais.** Réponse de P.-A.-C. de Beaumarchais ; à tous les libellistes et pamphlétistes passés, présens et futurs ; suivi du testament du père de Figaro, et de la lettre intéressante d'un ancien secrétaire de la police, M. de Beaumarchais. *S. l.*, 1787 ; in-8, demi-mar. rouge, dos orn., tête dor., *non rogné*. (*Alló*). 8 fr.

3852. **Beaux-Arts** (les). Illustration des arts et de la littérature. *Paris, Curmer*, 1844 ; 3 vol. in-4, demi-rel. veau. 70 fr.

Lithographies par *Gavarni, Français, Mouilleron, Baron, Leroux*, etc., etc., et nombreuses vignettes sur bois dans le texte.
Bel exemplaire.

3853. **Belon** (Pierre). Les Observations de plusieurs singularitez et choses mémorables trouvées en Grèce, Asie, Judée, Egypte et autres pays étrangers. *Paris, Gilles*

Corrozet, 1555 ; in-4, fig., veau, fil. (*Rel. anc.*). 40 fr.

Figures dans le texte et carte du Mont Sinaï.

Armoiries sur les plats.

3854. **Béranger** (J.-P. de). Chansons. *Paris, chez les marchands de nouveautés*, 1821 ; 2 tomes en un vol. in-18, demi-rel. chagr. 10 fr.

Seconde édition originale.

3855. **Béranger**. Œuvres anciennes. *Paris, Perrotin*, 1862, 2 vol. — Correspondance recueillie par P. Boiteau. *Paris, Perrotin*, 1860, 4 vol. — Ma Biographie. *Paris, Perrotin*, 1860, 1 vol. Ens. 7 vol. in-8, br. 30 fr.

Figures de *Sandoz, Wattier, Daubigny, Johannot, Raffet*, etc.

3856. **Bernard** (Gentil). L'art d'aimer et poésies diverses. *S. l.*, 1775 ; in-8, br., *non rogné*. 10 fr.

Un frontispice et 3 figures de *Martini*, gravés par *Baquoy, Gaucher* et *Patas*. Mouillures.

3857. **Bertall**. La Comédie de notre temps. La civilité, les habitudes, les mœurs, les coutumes, les manières et les manies de notre époque. Etudes au crayon et à la plume. *Paris, Plon*, 1874 ; gr. in-8, demi-rel. mar. rouge, tête dor., *non rogné*. 15 fr.

Nombreuses illustrations.

3858. **Beulé**. Auguste, sa famille et ses amis. *Paris, 1868* ; in-8, demi-chag. vert. 4 fr.

3859. **Beulé**. Le Sang de Germanicus. *Paris, Lévy*, 1869 ; in-8, demi-chag. vert. 4 fr.

3860. **Beulé**. Tibère et l'héritage d'Auguste. *Paris, Lévy*, 1868 ; in-8, demi-veau fauve, tête dor., *non rogné*. 4 fr.

3861. **Beulé**. Titus et sa dynastie. *Paris, Lévy*, 1870 ; in-8, demi-chag. vert. 4 fr.

3862. **Biblia** ad vetustissima exemplaria nunc recens castigata... Hebræa, chaldæ, græca et latina nomina virorum, mulierum, populorum... quæ in Bibliis leguntur restituta cum latina interpretatione, ac locorum e cosmographis descriptione. *Antverpiæ, apud viduam et hæredes Joannis Stelsii*, 1570 ; in-fol. à 2 col., cuir de Russie quadrillé, dos orné, fil., dent., comp. et milieu à fleurons dorés, armoiries, tr. dor. (*Thompson*). 200 fr.

Bel exemplaire de cette édition de la Vulgate revue par les docteurs de Louvain. Elle est recherchée pour les jolies figures sur bois et lettrines dont elle est ornée.

3863. **Bibesco** (Georges). Roumanie. Règne de Bibesco. Correspondance et documents. 1843-1856. *Paris, Plon*, 1893-1894 ; 2 vol. in-8, portr., br. 10 fr.

3864. **Biographie** universelle classique ou dictionnaire historique portatif... par une société de gens de lettres. *Paris, Gosselin*, 1829 ; 3 vol. in-8, demi-veau vert. 15 fr.

3865. **Blanc** (Charles). L'Art dans la parure et dans le vêtement. *Paris, Loones*, 1875 ; in-8, br. 7 fr.

Ouvrage très intéressant, orné de figures relatives aux modes à travers les âges.

3866. **Blanc** (Charles). Les Artistes de mon temps. *Paris, Firmin-Didot*, 1876 ; in-8, demi-rel. dos et coins mar. rouge, tête dor. 8 fr.

Figures sur bois.

3867. **Blanchemain** (Prosper). Poèmes et poésies. *Paris, Aubry*, 1866-1875 ; 5 vol. in-8, port., br. 10 fr.

PAPIER VERGÉ.

3868. **Blaze** (Elzéar). Le Chasseur au Chien courant. *Paris, l'Auteur*, 1838 ; 2 vol. in-8, br., couv. 12 fr.

3869. **Blessebois** (Corneille). Théâtre. *Paris (impr. Jouaust)*, 1864 ; in-12, cuir de Russie, dos orné, fil. à froid, milieux, tr. rouge. 15 fr.

Les Soupirs de Sifroi. — L'Eugénie. — La Victoire spirituelle.

Tirage à petit nombre, dont 100 exemplaires numérotés mis dans le commerce.

3870. **Bleunard** (A.). La Babylone électrique. Illustrations de Montader. *Paris, Quantin, s. d.* ; in-4, br. 5 fr.

Couverture en couleur.

3871. **Boccace**. Les neuf livres de Jehan Boccace des cas des nobles hommes et femmes ; in-4, ais de bois recouverts de veau estampé. (*Rel. anc.*). 350 fr.

Rare et curieux manuscrit du XVe siècle, écrit sur papier et composé de 576 ff.

Il renferme la traduction intégrale des

Achat de Bibliothèques

neuf livres de Boccace « des Nobles malheureux » par Laurent de Premierfait (de Troyes). Les 13 premiers ff. sont consacrés à la table générale de l'ouvrage. les 8 suivants aux deux « Prologues » et le reste aux neuf livres.

Il se termine au recto du dernier feuillet par cette mention : *Cy fine le livre de Jehan Boccace des cas des nobles malheureux hommes et femmes ; translaté de latin en francoys par Laurens du premier fait clerc du dyocèse de Troyes. Et fut finee cette translation l'an mil iiiic et ix (1409) le lundi après pasques closes.*

Le f. 14 (1er du Prologue) manque et le début et la fin de ce ms. sont atteints par de légères piqûres de vers. La reliure est fatiguée.

3872. Boccace. Genealogiæ Joannis Boccatii : cum demonstrationibus in formis arborum designatis. Ejusdem de montibus et sylvis, de fontibus, lacubus et fluminibus. Ac etiam de stagnis et paludibus, necnon et de maribus, seu diversis maris nominibus. (In fine :) *Venctiis, ductu et expensis D. Octaviani Scoti civis Modoetiensis 1498, septimo kalendas Martias finis impositus fuit huic operi, per Bonetum Locatellum* ; in-fol., vélin à recouvrements.   **150 fr.**

Très bel exemplaire de cet incunable vénitien.

3873. Boccace. Nouvelles de Jean Boccace, traduction libre, par Mirabeau. *Paris, Duprat, 1802* ; 4 vol. in-8, fig., demi-rel. dos et coins de chagr. bleu, tête dor., *non rognés.*   **75 fr.**

8 charmantes figures, entourées de médaillons par *Marillier*, gravées par *Courbe, Delvaux, Devilliers* et *Ponce.*
Exemplaire en PAPIER VÉLIN.

3874. Bochius (Joanne). Historica narratio profectionis et inaugurationis serenissimorum Belgii principum Alberti et Isabellæ Austriæ archiducum. *Antverpiæ, Joannem Moretum, 1602* ; in-fol., veau marbr., dos orné.   **120 fr.**

35 planches gravées en taille-douce par *Pierre Vander Borcht*, d'Anvers : Arcs-de-triomphe, décorations monumentales, défilés, etc., des fêtes données en Belgique à l'avénement de l'archiduc Albert et de l'archiduchesse Isabelle d'Autriche.
Bel exemplaire.

3875. Boileau. Œuvres diverses du sieur D. avec le Traité du sublime ou du merveilleux dans le discours, traduit du grec de Longin. *Paris, Claude Barbin, 1694; 2 vol.* in-12, front., fig., veau fauve, dos orné, fil., tr. dor. (*Allô*).   **30 fr.**

Édition contenant l'*Ode sur la prise de Namur* et la *Satire sur les femmes.*
Bel exemplaire.

3876. Boileau-Despréaux. Œuvres. *Paris, Billot, 1713* ; 2 parties rel. en un vol. in-4, veau granit, dos orn. (*Rel. anc.*   **10 fr.**

Portrait de Boileau par *Fran. de Troye*, gravé par *Drevet*. 6 figures de *Gillot* pour le Lutrin, gravés par *Scotin* et *Duflos.*

3877. Boileau. Œuvres poétiques, avec des notices par M. Poujoulat. *Tours, Alfred Mame, 1870* ; gr. in-8, demi-rel. dos et coins de mar. rouge, dos orné, tête dor., *non rogné* (*Masson-Debonnelle*). 50 fr.

Bel exemplaire sur GRAND PAPIER VERGÉ, orné du portrait de Boileau, et de 20 vignettes en-tête sur Chine, gravées à l'eau-forte par *V. Foulquier.*

3878. Bonaventure (Saint). Stimulus divini amoris devotissimus a sancto Johanne Bonaventure editus... emendatus et correctus, per eximium sacre pogine professorem Magistrum Johannem quentin. (A la fin :) *Parisius impressus* (*J. Petit*), 1526. — Beati Bonaventure meditationes devotæ vitæ Jesu Christ. — Ens. 2 tomes en un vol. pet. in-8 goth. de 192 ff., mar. La Vallière, dos orné, fil., tr. dor. 25 fr.

3879. Bonnechose. Histoire d'Angleterre jusqu'à l'époque de la Révolution française. *Paris, Didier, 1859* ; 4 vol. in-8, demi-rel. chagrin rouge.   **12 fr.**

3880. Bossuet. Discours sur l'histoire universelle, avec une préface par M. Poujoulat, gravures à l'eau-forte par *V. Foulquier. Tours, Mame et fils, 1870; gr.* in-8, br. 50 fr.

Un des 20 exemplaires sur PAPIER DE CHINE.
Portrait et jolies vignettes par *Foulquier.*

3881. Bouillé (René de). Histoire des Ducs de Guise. *Paris, Amyot, 1849* ; 3 vol. in-8, br.   **12 fr.**

3882. Bourdelois (G.-M. de). De Coblens à Trèves. *Metz, Gerson-Lévy, 1840* ; in-8, portr., fig. et carte, demi-rel. veau bleu, dos orné.   **6 fr.**

3883. Bourdigné (Jean de). Hystoire agrégative des annales et cronicques Danjou.... et plusieurs faits dignes de mémoire advenuz tant en France, Italie, Espagne, Angleterre, Hierusalem et autres royaulmes tant chrétiens que Sarrazins, reveues et additionnées par le Viateur (Jean Pelegrin). *On les vend à Angiers en la boutique de Charles de Boingne et Clément Alexandre.* (A la fin) :) *Imprimées à Paris par Anthoyne Couteau imprimeur* l'an 1529 ; in-fol. goth. de 6 et de 208 ff., fig., veau fauve, fil., milieux. (*Rel. anc.*). 200 fr.

Chronique très rare et très recherchée. Presque la moitié du volume a été rubriqué de différentes couleurs, et les 6 derniers ff. sont plus courts.

3884. Brillat-Savarin. Physiologie du goût, ou méditations de gastronomie transcendante ; ouvrage théorique, historique et à l'ordre du jour. Par un professeur, membre de plusieurs sociétés littéraires et savantes. *Paris, Sautelet*, 1826 ; 2 vol. in-8, demi-rel. chagr. rouge, *non rognés.* 40 fr.

ÉDITION ORIGINALE.

3885. Broglie (Albert de). L'Église et l'Empire romain au IVᵉ siècle. *Paris, Didier*, 1860-1862 ; 4 vol. in-8, demi-rel. chagrin noir. 15 fr.

Règne de Constantin. — Constance et Julien.

3886. Broglie (Victor, duc de). Vues sur le Gouvernement de la France. *Paris, Michel Lévy*, 1870 ; in-8, br. 3 fr. 50

Cet ouvrage politique, imprimé en 1861, fut saisi par la police, et ne put paraître qu'à la chute du second Empire.

3887. Buchanani (Georgii). Opera omnia, curante Th. Ruddimano cum præfat. P. Burmanni. *Lugduni Batavorum Langerak*, 1625 ; 2 vol. in-4, veau grenat, dos orné (*Rel. anc.*). 10 fr.

Édition la meilleure que l'on ait des œuvres de ce célèbre Ecossais.

3888. Buckle. Histoire de la Civilisation en Angleterre. Paris, Lacroix, 1865 ; 5 vol. in-8, demi-rel. chagrin rouge. 12 fr.

3889. Buet (Charles). Les Favoris à la Cour de Savoie au XVᵉ siècle. *Thonon, impr. Masson*, 1893 ; in-8, demi-rel. dos et coins de mar. brun, *non rogné.* 10 fr.

Imprimé en bleu et tiré à 150 exemplaires.

3890. Cardonne (C. de). L'Empereur Alexandre II. Vingt-six ans de règne (1855-1881). *Paris, Jouvet*, 1833 ; gr. in-8, portr., br. 4 fr.

3891. Caracci (An). Historia del testamento vecchio dipinta in Roma nel vaticano da raffaelle di urbino. *In Roma, Giov. Orlandi*, 1638 ; in-4 obl., veau (54 pl.). 35 fr.

On a ajouté 22 planches de Philippe Galle.

3892. Carrel (Armand). Œuvres politiques et littéraires mises en ordre, annotées et précédées d'une étude biographique sur l'auteur, par M. Littré. *Paris, Chamerot*, 1857 ; 5 vol. in-8, br. 10 fr.

3893. Cartari (Vincenzo). Le Imagine dei Dei degli antichi nelle quali si contengono gl' idoli, rit, et altre cose appartenenti alla religione degli antichi. *Venetia, Ziletti*, 1580 ; in-4, vélin. 20 fr.

Belles figures sur cuivre de *Bolognino Zaltieri*, représentant tous les dieux de la fable.

3894. Cartari (Vincent). Les Images des dieux des anciens, contenans les idoles, coustumes, cérémonies et autres choses appartenant à la Religion des payens. Traduites en françois par Antoine du Verdier, seigneur de Vauprivas. *Lyon, Est. Michel*, 1581 ; in-4 réglé, veau. (*Rel. anc.*). 20 fr.

Portrait et belles figures gravés sur bois.

3895. Cassini fils. Voyage [à l'isle Saint-Pierre, proche de Terre-Neuve et aux côtes d'Afrique et d'Espagne] fait par ordre du roi en 1768, pour éprouver les montres marines inventées par M. le Roy, avec le mémoire sur la meilleure manière de mesurer le temps en mer. *Paris, C.-A. Jombert*. 1770 ; in-4, veau, dos orné, fil., tr. dor. 15 fr.

Intéressant ouvrage orné de 10 planches gravées.
Aux armes de Louis XV.

3896. Castil-Blaze. Molière musicien. Notes sur les œuvres de cet illustre maitre et sur les drames

Et de Livres anciens et modernes

de Corneille, Racine, Quinault, etc., où se mêlent des considérations sur l'harmonie de la langue française. *Paris, Castil-Blaze,* 1852; 2 vol. in-8, br. **6 fr.**

3897. **Catalogue** raisonné des tableaux, desseins et estampes et autres effets curieux, après le décès de M. de Jullienne, par Pierre Remy. *Paris, Vente,* 1767 ; in-12, demi-rel. **15 fr.**

3898. **Catulle.** Les Poésies de Catulle, traduction en vers français par Eug. Rostand. *Paris, Hachette,* 1882; 2 vol. in-8, br. **12 fr.**

> Édition imprimée par Louis Perrin, de Lyon, sur papier vergé.

3899. **Caussidière.** Mémoires de Caussidière, ex-préfet de police et représentant du peuple. *Paris, M. Lévy,* 1849 ; 2 tomes en 1 vol. in-8, demi-rel. bas. bleue. **8 fr.**

3900. **Caylus** (Comte de). Recueil d'antiquités égyptiennes, étrusques, grecques et romaines. *Paris, Desaint et Saillant,* 1752 ; in-4, veau marbr. **20 fr.**

> Frontispice et 107 planches.

3901. **Cazotte.** Œuvres badines et morales. Nouvelle édition. *Londres (Paris),* 1798 ; 3 vol. in-12, cart., *non rognés.* **15 fr.**

> Figures de *Challiou,* gravées par *Courbé* et *Bovinet.*
> Exemplaire tiré sur GRAND PAPIER.

3902. **Celnart** (Mme). Manuel des dames, ou l'art de la toilette, suivi de l'art du modiste et du mercier-passementier. *Paris,* 1827 ; in-18, demi-rel. veau rouge, dos orné. **5 fr.**

> Planches en noir et en couleur.

3903. **Cervantès.** De Voornaamste gevallen van den wonderlyken. Don Quichot, door den beroem den Picart den Romain. *In's Hage, by Pieter de Hondt,* 1746 ; in-fol., d.-veau avec coins, *non rogné.* **60 fr.**

> 31 figures par *Boucher, Cochin, Coypel, Lebas, Picart et Trémollières,* gravées par *Folke, Picart, V. Schelay et Tanjé.*
> Texte hollandais. Quelques piqûres.

3904. **Cervantès** (Michel). L'Ingénieux Don Quichotte de la Manche, traduit et annoté par Louis Viardot. *Paris, J.-J. Dubochet,* 1836-1837 ; 2 vol. gr. in-8, demi-veau brun, dos orné, tr. marb. (*Rel. de l'époque*). **25 fr.**

> Exemplaire du PREMIER TIRAGE, illustré de 2 fig. sur Chine, de 2 front. et de nombreuses vignettes sur bois par *Tony Johannot.*
> Bel exemplaire.

3905. **Champfleury.** Les Amis de la Nature. *Paris, Poulet-Malassis,* 1859 ; in-12, cart., *non rogné* (*Knecht*). **6 fr.**

> Portrait-frontispice gravé à l'eau-forte par *Bracquemond* d'après *Courbet.*

3906. **Champfleury.** Les Bourgeois de Molinchart. *Paris, Locard-Davi,* 1855 ; 3 vol. in-8, cart., *non rognés.* **50 fr.**

> Envoi autographe de l'auteur à HENRY MURGER. Couvertures conservées.

3907. **Champfleury.** Histoire des Faïences patriotiques sous la Révolution. *Paris, Dentu,* 1867 ; in-8, demi-rel. chagrin vert, tête dor., *non rogné* (*Champs*). **12 fr.**

> Figures dans le texte et hors texte.

3908. **Champfleury.** Le Réalisme. *Paris, Michel Lévy,* 1857 ; in-12, cart., *non rogné.* **4 fr.**

> ÉDITION ORIGINALE.
> Couverture conservée. Légères piqûres d'humidité.

3909. **Champsaur** (Félicien). Les Ereintés de la Vie, pantomime en un acte. *Paris, Dentu,* 1888 : in-8, demi-rel. mar. bleu, *non rogné.* **15 fr.**

> Figures par *Gerbault,* et dessin original à la plume par le même artiste.
> Envoi autographe de l'auteur.

3910. **Champsaur** (Félicien). Lulu, pantomime en un acte. Préface par Arsène Houssaye. *Paris, Dentu,* 1888 : in-8, demi-rel. dos et coins de mar. bleu, tête dor., *non rogné.* **7 fr.**

> Illustrations en couleurs par *Jules Chéret, Henry Gerbault* et *Louis Morin.*

3911. **Chansons.** Choix de chansons, à commencer de celles du comte de Champagne, roi de Navarre, jusque et y compris celles de quelques poetes vivans (par de Moncrif). *S. l. (Paris),* 1757 ; in-12, bas. **10 fr.**

> Airs notés. — D'après une note ms. du marquis de la Rochethulon, cet exemplaire aurait appartenu à la marquise de Beaupoil de Saint-Aulaire, à laquelle l'auteur l'avait offert. — A la suite, on a relié les Philosophes, par Palissat. *Paris,* 1760.

3912. Chasseur bibliographe (le), revue bibliographique, philologique, littéraire, critique et anecdotique, rédigée par une société de bibliographes et de bibliophiles. *Paris, François, 1862-1863 ; 2 vol.* in-8, br. 10 fr.

Ouvrage devenu rare et recherché.

3913. Chatauvillard (Cte de). Essai sur le Duel. *Paris, Proux,* 1836 ; in-8, br. 30 fr.

Première épreuve de l'*Essai sur le Duel*, dont l'édition originale a paru deux ans plus tard.
Offert par l'auteur. Très rare.

3914. Chateaubriand. Le Génie du christianisme. *Paris, Pourrat frères*, 1838 ; gr. in-8, br., couv. ill. 15 fr.

Illustré de vignettes dans le texte par *Fragonard*, et de 9 gravures hors texte, dont un portrait de Chateaubriand, gravées par *N.* et *F. Lecomte, Gouttière, Thomas, Lacour, Mauduit, Revel* et *Burdet*, d'après *A. Johannot, J. David, Drœm* et *Rubens*.

3915. Chaussard. Fêtes et Courtisanes de la Grèce. *Paris, Buisson,* 1801 ; 4 vol. in-8, fig., bas. 25 fr.

ÉDITION ORIGINALE.

3916. Cheffontaine. Chrestienne confutation du poinct d'honneur, sur lequel la noblesse fonde aujourd'huy ses monomachie et querelles. Revue et augmentée. *Paris, Arnold Sittart,* 1586 ; pet. in-8, veau fauve, dos orné, fil., tr. dor. (*Rel. anc.*). 20 fr.

Écrit contre le Duel. Nom gratté sur le titre.

3917. Chenu (le Dr Charles). Encyclopédie d'histoire naturelle ou traité complet de cette science botanique. *Paris, Marescq, s. d. ;* 2 tomes en un vol. gr. in-8, demi-rel. veau, tr. jaspée. 10 fr.

Planches hors texte et dans le texte gravées sur bois.

3918. Cheron (Élisabeth-Sophie). Essay de Pseaumes et Cantiques mis en vers et enrichis de figures par Mademoiselle *** (Cheron). *Paris, Michel Brunet,* 1694 ; in-8, veau fauve, dos orné (*Rel. anc.*). 20 fr.

Frontispice et 24 figures sur cuivre dessinées et gravées par *Louis Cheron*, frère de l'auteur.
Exemplaire du PREMIER TIRAGE, re-

connaissable au frontispice portant la mention : « Pseaumes nouvellement mis en vers françois, enrichis de figures » et à l'absence de numéros dans la partie supérieure des estampes. Remarquons encore que les figures 4 et 19, 7 et 9 se répètent.

3919. Chesneau (Ernest). Le Statuaire J.-B. Carpeaux. Sa vie et son œuvre. *Paris, Quantin, 1880 ;* in-8, br. 12 fr.

Portrait, figures à l'eau-forte et vignettes reproduisant les œuvres et les études du maître.

3920. Choderlos de Laclos. Les Liaisons dangereuses. Lettres recueillies dans une société et publiées pour l'instruction de quelques autres. *Paris, Pelafol, 1820 ;* 4 vol. in-12, br. 25 fr.

4 figures dessinées par *Canu*. Rare.

3921. Choisy (L'Abbé de). Histoire de Charles VI, roi de France. *Paris, J.-B. Coignard,* 1695; in-4, veau marbré, dos orné, tr. rouge (*Girard*). 12 fr.

En-têtes de *J. Mariette* gravés sur cuivre.

3922. Claretie (Jules). Monsieur le Ministre. *Paris, Quantin, s. d.* (1886) ; in-8, br. 10 fr.

Dix compositions par *Ad. Marie*, gravées à l'eau-forte par *Wallet*.

3923. Cléry. Journal de Cléry, suivi des dernières heures de Louis XVI, par Edgeworth de Firmont ; du récit des événements arrivés au Temple par Madame Royale, fille du Roi. *Paris, Baudouin,* 1825 ; in-8, cart. 5 fr.

3924. Commines. Croniques du roi Charles huytiesme de ce nom que Dieu absoulle, contenant la verite des faictz et gestes dignes de memoires dudict seigneur, qu'il feist en son voyage de Naples, et de la conqueste dudict royaulme..... 1539. *A Paris, par Alain Lotrian.* (A la fin :) *Furent achevées d'imprimer le vendredy iiii jour de Apvril l'an* 1539 ; pet. in-8 goth., demi-rel. chagrin violet. 150 fr.

Seconde partie des Mémoires de Commines, concernant le règne de Charles VIII, et comprenant 6 ff. lim. et 137 ff. imprimés à longues lignes. Rare.

3925. Contemplationes idiotae (Raimondi Jordan), De amore divino. De virgine Maria. De vera patientia. De continuo conflictu carnis et animæ. De innocentia perdita. De morte. (Jacobo Faber stapulensi editore). *Pariisis, in ædibus Henrici Stephani, mense Augusto.* 1519 ; in-4 de 96 ff., demi-rel, mar. bleu, dos orné, plats toile. 25 fr.

Ouvrage rare. Bel exemplaire.

3926. **Contes** (Les) du Gay Sçavoir. Ballades, fabliaux et traditions du moyen-âge, publiés par Ferd. Langlé, et orné de vignettes et fleurons imités des manuscrits originaux, par Bonington et Monnier. *(Paris), impr. par Firmin Didot pour Lami Denozan,* 1828 ; in-8, fig., veau gauffré, dos orné, fil. 25 fr.

Curieuses figures de *Bonington* et de *Henri Monnier*. Lettres initiales coloriées.

3296 bis. *Le même,* demi-chag. noir, couv. cons., mouillures. 20 fr.

3927. **Contes** et nouvelles en vers par Voltaire, Vergier, Senecé, Perrault, Moncrif et P. Ducerceau. *Paris, Leclère,* 1862 ; 2 tomes en un vol. pet. in-8, demi-rel. mar. rouge, dos orné, tête dor., *non rogné.* 25 fr.

Edition tirée à 200 exemplaires, ornée de jolies vignettes en-têtes par *Duplessi-Bertaux.*

3928. **Contes en vers** imités du Moyen de Parvenir, par Autreau, Dorat, Grécourt, La Fontaine, La Monnoye, Plancher de Valcour, Regnier, Vergier, etc. Avec les imitations de M. le comte de Chevigné et d'Epiphane Sidredoulx. Publiés par un membre de la Société des bibliophiles gaulois. *Paris, L. Willem,* 1874 ; in-8, fig., cart, toile, *non rognés.* 8 fr.

Ce livre publié comme suite au Moyen de Parvenir n'a été tiré qu'à 500 exemplaires, tous sur PAPIER VERGÉ.

3929. **Copies** des lettres originales et dépeches des generaux, ministres, grands officiers d'état, etc., ecrites de Paris a Buonaparte pendant son sejour à Dresde. *Paris,* 1814 ; in-8, cart. 10 fr.

3930. **Coppola.** Le Nozze degli Dei favola dell Ab'Gio. Carlo Coppola, rappresentata in musica in Firenze nelle reali nozze de Serenissimi Gran Duchi di Toschana Ferdinando II e Vittoria Principessa d'Urbino. *In Firenze per Amadore Massi, e Lorenzo Landi,* 1637 ; in-4, pl., vél. 25 fr.

Un titre gravé et 7 jolies planches doubles dessinées par *Alphonse Parigi* et gravées à l'eau-forte par *Etienne Della Belle.*
A la suite la « Descrizione delle feste fatte in Firenze per le nozze de Ferdinando II et Vittoria d'Urbino ».

3931. **Coquerel** fils (Arth.). Rembrandt et l'individualisme dans l'art. *Paris, J. Cherbuliez,* 1869 ; in-12, br. 6 fr.

PAPIER DE HOLLANDE.

3932. **Cornaro** (Louis). Conseils pour vivre long-temps, traduit de l'italien. *Paris, Belin,* 1783; front., demi-rel. veau gris, *non rogné.* 10 fr.

Le privilège indique que ce livre fut tiré à 1.500 exemplaires.
Jolie figure ajoutée.

3933. **Corneille** (Pierre). Le Théâtre de P. Corneille. Reveu et corrigé par l'autheur. *Imprimé à Rouen et se vend à Paris, chez Louis Billaine,* 1664; 2 vol. in-fol., veau, portr. et front. (*Rel. anc.*). 200 fr.

Edition dont le texte a été revu par Corneille pour la troisième fois.

3934. **Correspondance** secrète et familière de M. de Maupeou avec M. de Sor*** (Sorhouet), conseiller du nouveau parlement. (Par Pidansat de Mairobert). *S. l.,* 1771 ; in-8 de 212 pp. — Conversation familière de M. le chancelier avec le sieur le Brun. *Paris, s. d.* ; ens. 2 tomes en un vol. in-8, mar. rouge, dos orné, dent., tr. dor. (*Rel. angl. anc.*). 20 fr.

Cet ouvrage, qui eut beaucoup de succès lors de son apparition, fut réimprimé et augmenté sous le titre de Maupeouana.

3935. **Couchaud** (A.). Choix d'Églises bysantines en Grèce. *Paris, Lenoir,* 1842 ; in-4, demi-chag. brun, plats toile, ébarbé. 75 fr.

37 planches. Rare.

3936. **Courcy** (Ch. de). Les Histoires du Café de Paris. *Paris, Michel Lévy,* 1861 ; in-12, chagr. vert, tête dor., *non rogné.* 10 fr.

Lettre autographe et portrait photographique de l'auteur ajoutés.

3937. **Courrier françois** (Le) traduit fidellement en vers burlesques.

Paris, Rolin de la Haye, 1649 ; in-4, demi-rel. mar. rouge.   8 fr.

Cet ouvrage contient 12 courriers de vers satiriques. — Rare.

3938. **Cousteau** (Pierre). Patri Costalii Regma, cum narrationibus philosophicis. *Lugduni, apud Matthiam Bonhomme*, 1555 ; in-8, demi-rel. basane.   40 fr.

Figures d'emblèmes gravées sur bois, entourées de bordures variées.

3939. **Cousteau** (Pierre). Le Pegme de Pierre Cousteau, avec les Narrations Philosophiques, mis de latin en françoys par Lanteaume de Romieu, Gentilhomme d'Arles. *Lyon, Barth. Molin*, 1560 ; pet. in-8 de 416 pp. et 4 ff. pour la table et la souscription, vél.   80 fr.

Bel exemplaire d'un ouvrage recherché pour les bordures et les 95 vignettes emblématiques gravées sur bois dont il est orné.

3940. **Coustumes** (Les) anciennes de Lorris, des bailliage et prévosté de Montargis le Franc, de Sainct Fargeau, pays de Puisaye, Chastillon sur Loin, et autres lieux ressortissants du dit bailliage de Montargis..... avec les annotations et commentaires de Me Anthoine Lhoste. Ensemble les notes de Me Charles Du Moulin. *Paris, Thomas Blaise*, 1617 ; in-4, vélin blanc (*Rel. anc.*).   20 fr.

3941. **Crebillon** (Prosper Jolyot de). Œuvres, avec les notes de tous les commentateurs. Edition publiée par M. Parrelle. *Paris, Lefèvre*, 1828 ; 2 vol. in-8, portr., demi-rel. chagrin br., tête dor., *non rognés*. 20 fr.

De la collection des Classiques français.

3942. **Damhoudère**. Praxis rerum criminalium elegantissimis iconibus ad materiam accomodis illustrata, prætoribus, proprætoribus consulibus, proconsulibus. *Antverpiæ*, 1556 ; in-8, chagrin rouge, dos orné, tr. dor.   25 fr.

Figures sur bois. Titre remonté.

3943. **Danckerts** (Cornelis). De Voornaamste Bybelsche historien des oude [-nieuven] Testaments. Cierlyck in't koper gemaackt *Amsterdam, Justus Danckerts, s. d.* ; pet. in-4 obl., demi-rel. veau fauve.   30 fr.

Ce volume renferme 100 sujets de l'ancien Testament et 55 du Nouveau, gravés sur cuivre par *Cornelis Danckerts*, né à Amsterdam en 1561.

3944. **Dangeau**. Journal du Marquis de Dangeau, publié en entier pour la première fois par MM. Soulié, Dussieux, de Chennevières, Mantz, de Montaiglon, avec les additions inédites du Duc de Saint-Simon, publiées par M. Feuillet de Conches (1684-1720). *Paris, Didot*, 1854-1860 ; 18 vol. et 1 vol. de table, demi-chag. rouge.   80 fr.

3945. **Dantès**. Tables biographiques et bibliographiques des Sciences, des Lettres et des Arts, indiquant les œuvres principales des hommes les plus connus en tous pays. *Paris*, 1866 ; in-8, demi-rel. veau.   8 fr.

3946. **Daret**. Tableaux historiques ou sont gravez les illustres françois et estrangers de l'un et de l'autre sexe, remarquables par leur naissance et leur fortune, avec les éloges sommaires contenans leurs noms et leurs qualitez, leurs pères et leurs mères... les plus belles actions de leur vie et leurs armes blasonnées. Par Pierre Daret, graveur du Roy. *Paris, Daret*, 1652 ; in-4, demi-rel. basane.   100 fr.

Titre gravé, avis au lecteur gravé et 84 portraits d'hommes et de femmes, personnages français de la première moitié du XVIIe siècle.

3947. **Daudet**. Tartarin sur les Alpes, nouveaux contes du héros tarasconnais. *Paris, Calmann Lévy*, 1885 ; in-8, br.   30 fr.

Exemplaire sur PAPIER DU JAPON, illustré de vignettes par *Beaumont, Aranda, Montenard, Myrbach* et *Rossi*.

3948. **Daulier Deslandes**. Les Beautez de la Perse, ou la description de ce qu'il y a de plus curieux dans ce Royaume, enrichie de la carte du païs, et de plusieurs estampes dessignées sur les lieux, par le sieur A. D. D. V. (Daulier Deslandes Vendomois), avec une relation de quelques avantures maritimes, par Louis Marot, pilote des galères de France. *Paris, Gervais Clouzier*, 1673 ; in-4, vélin   45 fr.

Frontispice, carte et 7 planches gravées par *Israel Silvestre*, donnant des vues de Perse d'une exactitude rigoureuse.

Et de Livres anciens et modernes

3949. **David**. Histoire de France représentée par figures accompagnées de discours... Les figures gravées d'après les plus célèbres artistes, par M. David... le discours par M. l'abbé Guyot... *Paris, David*, 1787-1796 ; 5 vol. in-4, veau marbr., plats et dos ornés, tr. dor. 120 fr.

 Frontispice et 175 figures gravées par *David*.

3950. **Dayot** (Armand). La Révolution française. Constituante — Législative — Convention — Directoire, d'après des peintures, sculptures, gravures, médailles, objets du temps. *Paris, Flammarion, s. d.* ; album in-4 oblong, demi-rel. chagr. rouge, dos orné. 15 fr.

 Très intéressante publication, contenant près de deux mille reproductions en similigravure.

3951. **Delavigne** (Casimir). Marino Faliero, représenté pour la première fois sur le théâtre de la Porte Saint-Martin, le 30 mai 1829. *Paris, Ladvocat*, 1829 ; in-8, br., couv. 20 fr.

 Bel exemplaire de l'ÉDITION ORIGINALE.

3952. **Delestre** (J.-B.). Gros et ses ouvrages ou mémoires historiques sur la vie et les travaux de ce célèbre artiste. *Paris, Labitte, s. d.* (1845); in-8, demi-rel. veau bleu. 6 fr.

 PREMIÈRE ÉDITION.

3953. **Della Bella**. Jeu des Fables. — Cartes des Rois de France. *Paris, 1646* ; pet. in-8, veau. 80 fr.

 Charmant petit recueil formé de deux suites :
 Fables. Titre et 52 pièces. — *Rois*. Titre et 30 pièces. Ensemble 93 pièces gravées à l'eau-forte par *Etienne Della Belle*. Les titres ont été remarqués dans le bas ; le nom de l'éditeur a été aussi enlevé.

3954. **Delvau** (Alfred). Dictionnaire de la langue verte, argots parisiens comparés. 2e édition, entièrement refondue et considérablement augmentée. *Paris, Dentu*, 1867 ; in-12, demi-rel. bas. rouge. 20 fr.

3955. **Demandes** (Les) faites par le roy Charles VI, touchant son état et le gouvernement de sa personne, avec les réponses de Pierre Salmon. *Paris, Crapelet*, 1833 ; gr. in-8, br. 9 fr.

 Dix planches et fac-similés en noir, reproductions de miniatures de manuscrits. De la collection Crapelet.

3956. **Demay** (G.). Le Costume de Guerre et d'apparat d'après les sceaux du Moyen-âge. *Paris, Dumoulin*, 1875 ; in-8, br. 6 fr.

 Figures à l'eau-forte sur Chine appliqué.

3957. **Demay** (G.). Le Costume au Moyen-âge d'après les sceaux. *Paris, Dumoulin*, 1880 ; gr. in-8, fig., demi-rel. chagr. rouge, tête dor., *non rogné*. 16 fr.

3958. **Démidoff** (Anatole de). Voyage dans la Russie méridionale et la Crimée par la Hongrie, la Valachie et la Moldavie. Illustré par Raffet. Deuxième édition, revue et augmentée. *Paris, Bourdin*, 1854 ; gr. in-8, br., couv. 35 fr.

 27 planches tirées hors texte dont 10 coloriées et 2 cartes.
 PAPIER VERGÉ.

3959. **Demoustiers** (C.-A.). Lettres à Emilie sur la mythologie. *Paris, Renouard*, 1809 ; 6 parties en 3 vol. in-8, mar. rouge à grain long, dos orn., dent., tr. dor. (*Rel. anc.*). 50 fr.

 Edition ornée de 36 figures de *Moreau*, gravées par *Delvaux, de Ghendt, Roger, Simonet, Thomas* et *Trière* et du portrait de Demoustiers gravé par *Gaucher*, d'après *Ducreux*.

3960. **Descamps**. Vie des Peintres flamands et hollandais, par Descamps, réunie à celle des peintres italiens et français, par d'Argenville. *Marseille*, 1840-1843 ; 5 vol. in-8, port., cart., *non rognés*. 25 fr.

 Ouvrage estimé.

3961. **Descaves** (Lucien). Sous-offs. *Paris, Tresse et Stock*, 1892 ; gr. in-8, demi-chag. rouge, tête dor., *non rogné*, couv. ill. cons. 5 fr.

 Illustrations de *Eug. Courboin*.

3962. **Des Periers** (Bonav.). Nouvelles recréations et joyeux devis, suivis du Cymbalum mundi. Avec une notice, des notes et un glossaire par Louis Lacour. *Paris, Jouaust*, 1874 ; 2 vol. in-8, demi-rel. veau fauve. 10 fr.

3963. **Diable à Paris** (Le). Paris et les Parisiens. Mœurs et coutumes, caractères et portraits des habitants de Paris, tableau complet de leur vie privée, publique, politique, artistique, littéraire, industrielle, etc. Texte par G. Sand, Gozlan,

Achat de Bibliothèques

Soulié, Nodier, Briffault, Balzac, Karr, Gautier, Musset, etc. Illustrations par Gavarni. Vignettes par Bertall. *Paris, J. Hetzel,* 1845-1846 ; 2 vol. gr. in-8, demi-rel. veau bleu, tr. jaspée.   25 fr.

3964. Dictionnaire théorique et pratique de Chasse et de Pêche (par Delisle de Sales). *Paris, Musier,* 1769 ; 2 vol. in-12, demi-rel. dos et coins de mar. bleu, dos orné et mosaïqué, tr. rouge. 15 fr.

Bel exemplaire de cet ouvrage estimé.

3965. Diderot. Le Neveu de Rameau. Texte revu d'après les manuscrits. Notice, notes, bibliographie, par Gustave Isambert. *Paris, A. Quantin,* 1883 ; in-8, br.   5 fr.

Texte encadré. Portrait d'après *Wille,* et 2 eaux-fortes par *Saint-Elme Gauthier.*

3966. Didot (Firmin). Catalogue raisonné des livres de sa bibliothèque. Tome I, 1re livraison. Livres avec figures sur bois, Solennités, Romans de chevalerie. *Paris, Didot,* 1867, in-4, br.   8 fr.

Seule partie publiée. PAPIER VERGÉ.

3967. Dinaux (Arthur). Description des fêtes populaires données à Valenciennes, les 11, 12, 13 mai 1851, par la Société des Incas. *Lille, Vanackere,*1854; in-8, br.10 fr.

Texte encadré. — 23 planches à l'eau-forte représentant les chars et les groupes historiques de la cavalcade.

3968. Discussion politique, sur la vénalité des charges et offices en France, sur ses avantages pour l'Etat et pour la Société, et sur les funestes inconveniens de la suppression qui en a été décrétée par l'assemblé nationale. *Paris,* 1792; in-8, demi-mar. rouge. (*Alló*).   8 fr.

3969. Dovalle. Le Sylphe, poésies de feu Ch. Dovalle, précédées d'une notice par M. Louvet, et d'une préface par Victor Hugo. *Paris, Ladvocat,* 1830 ; in-8, front., cart., *non rogné.*   20 fr.

EDITION ORIGINALE. Bel exemplaire.

3970. Du Bellay (Joachim). Les Œuvres françaises. *Rouen, G. l'Oyselet,* 1592 ; in-12, vélin.   50 fr.

Mouillures.

3971. Du Cerceau (J. Androuet). Leçons de perspective positive.

Paris, Mamert Patisson, 1576 ; pet. in-fol., veau, milieux dorés. (*Rel. anc.*).   35 fr.

Orné de 60 planches gravées à l'eau-forte par *Du Cerceau.*
PREMIÈRE ÉDITION. Exemplaire réglé. Mouillures et piqûres de vers.

3972. Duchesne (aîné). Essai sur les Nielles, gravure des orfèvres florentins du XVe siècle. Paris, Merlin, 1826 ; in-8, fig., demi-rel. basane.   15 fr.

Reproduction de nielles d'après *Maso Finiguerra, Peregrini,* et autres.

3973. Duchesne aîné. Musée de peinture et de sculpture, ou recueil des principaux tableaux, statues et bas-reliefs des collections publiques et particulières de l'Europe. Dessiné et gravé à l'eau-forte par Reveil, avec des notices descriptives, critiques et historiques par Duchesne aîné. *Paris, Audot,* 1828-1834 ; 16 vol. en 185 livraisons. — Les loges du Vatican, sujets peints à fresque par Raphaël et gravés sur acier par Réveil. *Paris, Audot,* 1833 ; 1 vol. en 9 liv. — Les amours de Psyché d'après Raphaël gravés par Réveil ; avec une nouvelle histoire de Psyché par M. Lemolt Phalary. *Paris, Audot,* 1832; 1 vol. en 6 liv. — Les amours des dieux, d'après Titien, Annibal, Carrache et Jules Romain, gravés par Réveil avec des notices par Duchesne aîné. *Paris, Audot,* 1833; 1 vol. en 3 liv. — Tables, 5 liv. Ensemble 19 vol. pet. in-8, en 208 livraisons.   80 fr.

Recueil important composé de plus de 1120 planches, finement gravées par *Réveil.*
Le texte est en français et en anglais.

3974. Du Choul (Guill.). La Religion des anciens Romains tirée des plus pures sources de l'antiquité avec un discours sur la castrametation et discipline militaire des Romains. *Dusseldorff,* 1731 ; in-4, veau marbr.   15 fr.

Figures en taille-douce reproduisant pour la plupart d'anciennes médailles.

3975. Duclos. Acajou et Zirphile, conte. *A Minutie,* 1744; in-4, veau fauve, dos orné, tr. dor.   70 fr.

Un frontispice et 9 figures par *Boucher,* gravés par *Chedel,* un fleuron sur le titre, une vignette et un cul-de-lampe.
Exemplaire en GRAND PAPIER.

Et de Livres anciens et modernes

3976. Dudrézène (Mlle). Les Armoricaines. *Paris, Raynal,* 1833 ; 2 vol. in-8, demi-rel. veau rouge. 6 fr.

ÉDITION ORIGINALE. Envoi d'auteur.

3977. Du Fouilloux. La Vénerie, précédée de quelques notes biographiques et d'une notice bibliographique (par Pressac). *Angers, Ch. Lebossé,* 1844; pet. in-4, br. 20 fr.

Figures sur bois.

3978. Du Fouilloux (Jacques). La Vénerie de Jacques Du Fouilloux, seigneur dudit lieu, gentil-homme du pays de Gastine, en Poictou, dédié au Roy. De nouveau reveüe, augmentée de la méthode pour dresser et faire voler les oyseaux, par M. de Boissoudan, précédée de la biographie de Jacques du Fouilloux, par M. Pressac. *Niort, Robin et L. Favre,* 1864 ; in-4, portr. et fig., br. 20 fr.

Taches d'huile sur la couverture.

3979. Dulaure (J.-A.). Histoire physique, civile et morale des environs de Paris depuis les premiers temps historiques jusqu'à nos jours. *Paris, Guillaume,* 1825-1828 ; 8 vol. in-8, demi-veau vert, dos orné, tr. marb. 60 fr.

Excellent ouvrage, orné d'une belle carte des environs de Paris et d'un grand nombre de gravures exécutées sous la direction de *Couché fils.*

3980. Dumas (Alex.). Charles VII chez ses grands vassaux, tragédie en cinq actes. Deuxième édition augmentée d'une préface. *Paris, Charles Béchet,* 1831 ; in-8, br., couv. conservée. 20 fr.

3981. Dumas (Alex.) père. Les Médicis. *Paris, Recoules,* 1845; 2 vol. in-8, br. 10 fr.

ÉDITION ORIGINALE. Couvertures.

3982. Dumas (Alexandre) fils. Ilka. Pile ou face. Souvenirs de Jeunesse. Le Songe d'une nuit d'été. Au Dr J. P. *Paris, Calmann Lévy,* 1896; gr. in-8, cart., *non rogné.* 8 fr.

Impression typographique des plus remarquables due à Chamerot et Renouard. Jolies illustrations de *Marold.*

3983. Duplessi-Bertaux. Histoire de l'Enfant prodigue, en douze tableaux, tirée du Nouveau Testament ; dessinée et gravée par Jean Duplessi-Bertaux, en 1815. *Paris, impr. de P. Didot l'aîné,* 1816 ; in-4, cart. 18 fr.

12 jolies planches avec texte explicatif gravé en taille-douce.

3984. Duplessis - Mornay. Mémoires de Philippes de Mornay, seigneur Du Plessis-Marly.... contenant divers discours, instructions, lettres et depesches... depuis l'an 1600 jusques à l'an 1623. A la fin est ajousté un supplément des pièces qui ont esté omises dans les deux volumes des Mémoires cy-devant imprimés. *Amsterdam, Louys Elzevier,* 1652 ; in-4, vélin blanc, à recouv. 15 fr.

3985. Duplessis - Mornay. Mémoires et correspondance pour servir à l'histoire de la réformation et des guerres civiles et religieuses en France, sous les règnes de Charles IX, de Henri III, de Henri IV et de Louis XIII, depuis l'an 1571 jusqu'en 1623. Edition complète, publiée sur les manuscrits originaux, et précédée des mémoires de Madame de Mornay sur la vie de son mari, écrits par elle-même pour l'instruction de son fils. *Paris, Treuttel,* 1824 ; 12 vol. in-8, demi-rel. bas. fauve 30 fr.

3986. Dussieux (L.). Les Artistes français à l'étranger. Recherches sur leurs travaux et sur leur influence en Europe. *Paris, Gide et Baudry,* 1856 ; gr. in-8, demi-rel. veau gris. 8 fr.

3987. *Le même,* br. 5 fr.

3988. Économistes et Publicistes contemporains. *Paris, Guillaumin,* 1872-1882 ; 6 vol. in-8, br. 18 fr.

ROSCHER. Recherches sur divers sujets d'Economie politique. — BLOCK. Statistique de la France comparée avec les divers pays de l'Europe, 2 vol. — BLUNTSCHLI. Théorie générale de l'Etat ; le Droit public général, 2 vol. — BLANQUI. Histoire de l'Economie politique depuis les anciens jusqu'à nos jours.

3989. Elliot (Captain Robert). Views in the east, comprising India, Canton, and the shores of the red sea. With historical and descriptive illustrations. *London, Fisher,* 1833 ; 2 tomes en 1 vol. demi-rel. chag. noir, ébarbé. 20 fr.

Ouvrage illustré de 60 charmantes figures sur acier.

3990. Eloquenza (L') tributaria. Orationi al seren. Principe di Venetia Nicolo Sagredo, espote dagli ambasciatori delle cita suddite alla republica et universita dé scolari. *Venetia, Vitali,* 1676 ; in-4, vélin.   25 fr.

> Recueil des discours prononcés par les envoyés des provinces de la République vénitienne, lors de l'avènement du doge Sagredo.
> Exemplaire de dédicace portant, sur les plats de la reliure, les armes peintes de ce prince de Venise.

3991. Encyclopédie moderne. Dictionnaire abrégé des sciences, des lettres, des arts, de l'industrie, de l'agriculture et du commerce. Nouvelle édition publiée sous la direction de M. Léon Renier. *Paris, Firmin Didot,* 1861-1864 ; 27 vol. et 3 vol. d'atlas. — Complément de l'Encyclopédie moderne, publié sous la direction de M. Edouard Carteron. *Paris, Didot,* 1863 ; 12 vol. et 2 vol. d'atlas. Ens. 44 tom. reliés en 23 vol. in-8, demi-mar. marron.   55 fr.

3992. Entrées. Éloges et Discours sur la triumphante réception du roy en sa ville de Paris, après la réduction de la Rochelle (par J.-B. Marchand, jésuite), accompagnez de figures, tant arcs de triumphe que des autres préparatifs, *Paris, P. Rocolet,* 1629 ; in-fol., mar. vert, dos orné, fil., tr. dor. 80 fr.

> Figures d'*Abraham Bosse, Tavernier* et *Pierre Firens.*
> On remarque dans ce volume une grande planche gravée par *A. Bosse,* laquelle représente le prévôt des marchands et les échevins de Paris haranguant le roi Louis XIII à son retour de la Rochelle.
> Le titre est doublé, le frontispice remonté et les 2 dernières pages tachées.

3993. Érasme. Éloges de la Folie d'Érasme, traduit par Victor Develay et accompagné des dessins de Hans Holbein. *Paris, Libr. des Bibliophiles,* 1872 ; in-8, br. 35 fr.

> L'un des 50 exemplaires sur PAPIER DE CHINE.

3994. Erdan (Alexandre). La France mistique. Tableau des excentricités religieuses de ce tems. *Paris, Coulon-Pineau ;* 2 vol. in-8, demi-rel. chagrin noir.   10 fr.

> Portraits lithographiés d'Irving, d'Aug. Comte, de Wronski et de Towianski.

3995. Espion (L') dévalisé (par Baudoin de Guémadeuc, ancien maître des requêtes). *Londres,* 1782 ; in-8, demi-rel. dos et coins de mar. brun, tête dor., *non rogné (Loisellier).*   15 fr.

> On attribue ordinairement cet ouvrage au comte de Mirabeau, mais M. Baudoin m'a avoué qu'il en était le seul auteur. (Barbier, II, 178.)

3996. Estienne (Robert). Lexicographorum principis Thesauru⁵ linguæ latinæ in IV tomus divisus, cui post novissimam Londinensem éditionem complurium eruditorum virorum collectis curis insigniter auctam, accesserunt nunc primum Henrici Stephani. *Basileæ,* 1740; 4 vol. in-fol., veau marbr. 45 fr.

> Bel exemplaire.

3997. Étincelle. Carnet d'un Mondain. Gazette parisienne, anecdotique et curieuse, par Etincelle (vicomtesse de Peyrrony). *Paris, Rouveyre,* 1881 ; pet. in-8, br.   5 fr.

> 5 planches en couleur et 100 illustrations en noir, par *Ferdinandus.*

3998. Étrennes géographiques, année 1761. Royaume de France divisé par généralités, sudivisé en élections, diocèse et bailliages, etc., par L.-A. du Caille. *Paris, Ballard;* in-18, veau.   30 fr.

> Frontispice gravé par *Tardieu* d'après *Poussin,* titre par *Choffard* et 30 cartes par *Lattré.* Joli petit volume entièrement gravé.

3999. Évangiles (Les) des Quenouilles. Nouvelle édition revue sur les éditions anciennes et les manuscrits. Avec préface, glossaire et table analytique. *Paris, Janet,* 1855 ; in-12, mar. rouge, dos orné, fil., tr. dor. *(Hardy).*   15 fr.

> Exemplaire tiré sur PAPIER DE CHINE ; de la collection de la Bibliothèque elzévirienne publiée par Janet.

4000. Faber (Frédéric). Histoire du théâtre français en Belgique, depuis son origine jusqu'à nos jours, d'après des documents inédits reposant aux archives générales du royaume. *Bruxelles et Paris,* 1879 ; 4 vol. gr. in-8, br.   8 fr.

> Les tomes II, III, IV et V.

4001. Fable (La) de Christ dévoilée, ou lettre du muphti de Constantinople à Jean-Ange Braschi (Pie VI),

Et de Livres anciens et modernes

muphti de Rome. *Paris, impr. de Franklin, l'an II* (1794) ; in-8, cart. 3 fr.

Ce pamphlet, orné d'une figure allégorique gravée sur cuivre, est généralement attribué à Sylvain Maréchal.

4002. Fabre (Ferdinand). Taillevent. Illustrations de George Roux. *Paris, Calman Lévy,* 1895 ; gr. in-8, br. 6 fr.

Edition du *Figaro.* Couverture illustrée.

4003. Fantin-Desodoards. Histoire philosophique de la Révolution de France, depuis la première assemblée des Notables jusqu'à la paix de 1801. *Paris, Belin,* 1801 ; 9 vol. in-8, portr., bas. 30 fr.

4004. Faujas de Saint-Fond. Descriptions des expériences de la machine aérostatique de MM. de Montgolfier, par M. Faujas de Saint-Fond. *Paris, Cuchet,* 1783 ; in-8, fig., basane. 10 fr.

Très jolies et très intéressantes figures du *chevalier de Lormier,* gravées par *de Launay,* représentant la mongolfière et son enlèvement dans la cour du château de Versailles.

4005. Favre. Les Quatre Heures de la Toilette des dames. *Paris, Lemonnyer,* 1883 ; in-4, br. 10 fr.

Belles figures en taille-douce par *Leclerc.*

4006. Fénelon. Les Aventures de Télémaque, suivies des Aventures d'Aristonoüs, précédées d'un essai sur la vie et les ouvrages de Fénelon, par M. Jules Janin. *Paris, Ernest Bourdin, s. d.* (1840) ; gr. in-8, cart. de l'éditeur, éb. 25 fr.

150 vignettes sur bois dans le texte et 20 planches tirées à part sur Chine, gravées d'après *Tony Johannot,* par *Signol, Wattier, Daubigny, Séguin, Marville,* etc.

Exemplaire en parfait état de conservation.

4007. Fenin. Mémoires de Pierre de Fenin, comprenant les événements qui se sont passés en France et en Bourgogne sous les règnes de Charles VI et Charles VII (1407-1427). Nouvelle édition publiée par Mlle Dupont. *Paris, Renouard,* 1837 ; in-8, demi-rel. veau fauve. 5 fr.

4008. Fergusson (James). An essay on the ancient topography of Jerusalem, with restored plans of the temple etc., and plans, sections, and details of the church built by Constantine the Great over the Holy Sepulchre, now Known as the Mosque of Omar, and ather illustrations. *London J. Weale,* 1847 ; in-4, cart. toile, *non rogné.* 10 fr.

Illustré de 7 planches gravées et de vignettes dans le texte.

4009. Filhol. Galerie du Musée Napoléon. Texte par Joseph Lavallée (et Caraffe). *Paris, Filhol,* 1804-1814 ; 10 vol. — Galerie du Musée de France. Texte par Lavallée, et continué par Jal. *Paris, Vve Filhol,* 1828. Ens. 11 vol. gr. in-8, demi-rel. dos et coins de mar. rouge, dos orné (*Rel. anc.*). 300 fr.

Bel ouvrage renfermant 792 figures reproduisant les chefs-d'œuvre du Musée Napoléon (aujourd'hui du Louvre).

Le tome XIe est cartonné, non rogné, et ses figures sont avec la lettre grise.

4010. Folengo (Théophili). Opus Merlini Cocaii poétæ Mantuani, macaronicorum, totum in pristinam formam per Magistrum Acquarium Lodolai optime redactum, et in his infra notalis titulis divisum : Zanitonella, quæ de amore Tonelli erga Zaninam tractat. Phantasiæ macaronicon, divisum in XXV macaronicis tractans de gestis magnanimi et prudentissimi Baldi ; Moscheæ facetus liber tractans de cruento certamine muscarum et formicarum ; libellus et epistolarum et epigrammatum ad varias personas directarum (Au recto du f. 272 :) *Tusculani, apud Lacum Benacensem, Alex. Paganinus,* 1521 ; in-16, fig., veau gauf., cuir de Russie, dos orné, dent. à froid. 75 fr.

Édition fort rare et la plus recherchée des amateurs, la première édition complète. Elle est ornée de curieuses figures sur bois.

Exemplaire contenant les huit derniers feuillets qu'indique Brunet et qui renferment une épitre à Paganino, avec sa réponse, des errata, une table et un sonnet.

4011. Folengo. Opus Merlini Cocaii (Theoph. Folengo) poetæ mantuani Macaronicorum. *Venetiis, apud Bevilacquam,* 1613 ; in-12, fig. sur bois, mar. vert, fil. à froid, tr. dor. (*Thompson*). 15 fr.

Exemplaire avec témoins.

4012. Fortification. Introduction à la fortification, par de Fer. *Paris, chez l'Auteur,* 1695 ; in-4, obl., veau (*Rel. anc.*). 180 fr.

189 planches gravées de villes de France, d'Allemagne, d'Italie, d'Espagne, etc.

Achat de Bibliothèques

4013. Fournier (Henri). Traité de la Typographie. *Tours, A. Mame et fils*, 1870 ; in-8, br., couv.   25 fr.

Belle édition tirée à 50 exemplaires sur PAPIER DE HOLLANDE.

4014. Français (Les) peints par eux-mêmes. Encyclopédie morale du XIXe siècle. *Paris, Curmer*, 1843 ; 8 tomes en 4 vol. in-8, demi-rel. chagrin violet.   40 fr.

Ouvrage étincelant de verve et d'esprit, rédigé par l'élite des littérateurs du règne de Louis-Philippe, et illustré de très belles figures gravées sur bois par les maitres de cette époque.

4015. Frégier (H.-A.). Des Classes dangereuses de la population dans les grandes villes, et des moyens de les rendre meilleures. *Paris, J.-B. Baillière*, 1840 ; 2 vol. in-8, demi-rel. veau gris.   7 fr.

4016. Frossardi nobilissim scriptoris Gallici historiarum opus omne, jam primum et breviter collectum et latino sermone redditum. *Parisiis, ex off. Simonis Colinæi*, 1537 ; pet. in-8, veau fauve, dos orné, tr. dor.   25 fr.

Traduction abrégée de Froissard par Jean Sleidan.
Très bel exemplaire réglé.

4017. Furetière. Le Roman bourgeois. Nouvelle édition revue de nouveau, corrigée et augmentée. *Nancy, J.-B. Cusson*, 1713 ; in-12, front., mar. rouge, dos orné, fil., tr. dor. (*Closs*).   20 fr.

Frontispice et figures.
Raccommodage au titre et à plusieurs feuillets.

4018. Galerie française, ou collection de portraits des hommes et des femmes célèbres qui ont illustré la France dans les XVIe, XVIIe et XVIIIe siècles, avec des notices et des fac-similés, précédée d'une introduction qui comprend les principaux évènements qui se sont passés depuis Mérovée jusqu'à Louis XII, par une société d'hommes de lettres et d'artistes. *Paris (Lefort), Imp. de F. Didot*, 1821-1823 ; 3 vol. in-4, fig., demi-mar. rouge, dos orn., *non rognés* (*Rel.anc.*). 75fr.

Importante publication ornée de nombreux portraits par *Chrétien, Gautherot, Rulmann, Weber*, etc., de planches de fac-similés, de notices par Andrieux, Auger, Camperon, Denon, Fourrier, Lemonte, Miel, de Ségur, Villemain, et autres écrivains connus.

4019. Galibert (Léon). L'Algérie ancienne et moderne, depuis les premiers établissements des Carthaginois jusqu'à la prise de la smalah d'Abd-el-Kader. *Paris, Furne*, 1844 ; gr. in-8, demi-rel. chagrin vert, plats toile, tr. jasp.   15 fr.

Bel ouvrage orné de planches sur acier, de vignettes sur bois et de costumes militaires coloriés, gravés d'après *Raffet* par *Rouargue frères* et autres.

4020. Gallonio. Trattato de gli instrumenti di martirio, e delle varie maniere di martoriare usate da' gentili contro Christiani, descritte e intagliate in rame. Opera di Antonio Gallonio romano. *Roma, Ascanio e Girolamo Donangeli*, 1591 ; in-4, fig. basane, milieux.   50 fr.

ÉDITION ORIGINALE. Belles figures de *Tempesta* en premières épreuves.

4021. Gautier (Hippolyte). L'an 1789 ; événements, mœurs, idées, œuvres et caractères. *Paris, Delagrave, s. d.* (1888) ; in-4, demi-rel. rel. chagr. rouge, dos orné, couverture conservée.   18 fr.

Très bel ouvrage orné de 650 reproductions, par la photogravure sur cuivre, de vignettes, d'estampes, et de tableaux de l'époque.
Nombreuses planches hors texte, tirées en noir et en couleurs : portraits, vues de monuments, plans et cartes, représentations d'événements, sujets divers, scènes, allégories, caricatures, fantaisies, costumes, armes et insignes.

4022. Gautier (Théophile). La Comédie de la mort, par Théophile Gautier. *Paris, Desessarts*, 1838 ; in-8, front., demi-rel. dos et coins de mar. bleu, tête dor., *non rog.* 60fr.

ÉDITION ORIGINALE. Bel exemplaire.

4023. Gavarni. Masques et Visages. *Paris, Libr. du Figaro*, 1868 ; gr. in-8, perc. rouge, tr. dor.   5 fr.

Portrait de l'auteur en taille-douce et vignettes dans le texte gravées sur bois.

4024. Gazetier (Le) cuirassé ou anecdotes scandaleuses de la cour de France (par Ch. Théveneau de Morande). *Imprimé à cent lieues de la Bastille, à l'enseigne de la liberté*, 1771 ; in-8, br.   16 fr.

4025. Gerson. Incipit liber primus Johannis Gerson, cancellarii parisiensis, De imitatione Christi et de contemptu omnium vanitatum mundi. *In fine : Johannis Gerson*

Et de Livres anciens et modernes

cancellarii parisiensis de contemptu mundi devotum et utile opusculum finit M.CCCC.LXXXIII, *per Petrum Löslein de Langencen alemanum, Venetiis feliciter impressum ;* in-4 goth. de 50 ff. chiffrés à 2 colonnes de 39 lignes, plus 2 ff. pour la table, vélin, dos orné. 500 fr.

Bel exemplaire de cette très rare édition de l'Imitation, la première avec date. Ce qui rend ce livre curieux, c'est son attribution au célèbre Gerson, chancelier de l'Université de Paris.

L'ouvrage est imprimé en beaux caractères ronds et toutes les initiales sont rubriquées.

4026. **Gessner.** Œuvres. *Paris, Bossange,* 1797 ; 3 vol. in-18, mar. rouge, dos orné, fil., tr. dor. (*Rel. anc.*). 15 fr.

Portrait, frontispices et figures gravés par *Giraud, Frussotte,* etc.

4027. **Gessner.** Suite complète de 1 portrait, 3 titres gravés et 72 planches par Le Barbier (pour illustrer les Œuvres), gravés par Baquoy, Dambrun, de Lignon, Gaucher, Halbou, de Longueil, etc., en un vol. in-4, dos et coins de mar. bleu, tête dor., *non rogné.* 200 fr.

4028. **Giannone.** Histoire civile du royaume de Naples, traduit de l'italien de Giannone avec des remarques. *La Haye, Gosse,* 1742 ; 4 vol. in-4, vélin blanc. 15 fr.

4029. **Girofflier** (le) aux dames. Ensemble le dit des Sibiles. *Impr. à Paris, par Michel le Noir, s. d. (Paris, 1861)* ; in-4 de 12 ff. goth., mar. vert jans., tr. dor. (*Capé*). 20 fr.

Reproduction fac-simile exécutée par le procédé Pilinski, d'une édition imprimée vers 1510.

4030. **Goëthe.** Mémoires, traduits de l'allemand par M. Aubert de Vitry. *Paris,* 1823 ; 2 vol. in-8, portr., demi-chag. brun, tête dor., *non rognés.* 8 fr.

Raccommodage à quelques feuillets.

4031. **Gœthe.** Les Souffrances du jeune Werther. *Paris, Crapelet,* 1845 ; in-8, br. 15 fr.

Jolie édition sur PAPIER VERGÉ, ornée de 4 figures de *Tony Johannot.*

4032. **Goldsmith.** Le Vicaire de Wakefield. Traduction nouvelle et complète par H. Gauseron. *Paris, Quantin, s. d.* (1885) ; in-8, br. 50 fr.

Un des 100 exemplaires de cette charmante édition ornée de jolies figures en couleurs par *P.-A. Poirson,* tirés sur PAPIER DU JAPON (n° 68) et contenant une belle aquarelle de *Poirson,* peinte sur le faux-titre. Couverture conservée.

4032 bis. Le même. *Paris, Quantin* (1885) ; in-8, br. 10 fr.

Figures en couleurs par *Poirson.*

4033. **Goncourt.** Gavarni, l'homme et l'œuvre. *Paris, Plon,* 1873 ; in-8, br. 5 fr.

Portrait de Gavarni, gravé à l'eau-forte par *Flameng* et fac-simile d'autographe.

4034. **Goncourt** (Ed. et J. de). Histoire de Marie-Antoinette. *Paris, Didot,* 1859 ; in-8, demi-rel. dos et coins de chag. brun, dos orné. 6 fr.

4035. **Goncourt** (Ed. et J. de). Histoire de la société française pendant la Révolution et le Directoire. *Paris, Dentu,* 1854-1855 ; 2 vol. in-8, demi-chag. brun. 15 fr.

4036. **Goncourt** (Ed. et J. de). Idées et sensations. *Paris, Lacroix,* 1866 ; in-8, demi-rel. mar. rouge. 6 fr.

4037. **Goncourt.** Mystères des Théâtres, 1852, par Edmond de Goncourt, Jules de Goncourt, Cornelius Holff. *Paris, libr. nouvelle,* 1853 ; in-8, br. 10 fr.

4038. **Goncourt** (Ed. et J. de). Théâtre. (Henriette Maréchal. — La Patrie en danger.) *Paris, Charpentier,* 1879 ; in-12, demi-rel. dos et coins de mar. brun, tête dor., *non rogné.* (*Pouillet*). 15 fr.

ÉDITION ORIGINALE collective. — L'un des 50 exemplaires tirés sur PAPIER DE HOLLANDE. Couverture conservée.

4039. **Goulas.** Mémoires de Nicolas Goulas, gentilhomme ordinaire de la chambre du duc d'Orléans, publiés par Charles Constant. *Paris, Loones,* 1879-1882 ; 3 vol. in-8, br. 12 fr.

De la collection de la *Société de l'histoire de France.*

4040. **Grasset-Saint-Sauveur.** Les Fastes du peuple français ou tableaux raisonnés de toutes les actions héroïques et civiques du soldat et du citoyen français. *Pa-*

Achat de Bibliothèques

ris, *Deroy*, 1796 ; in-4, demi-rel.   40 fr.

Frontispice et 35 planches à l'aqua-teinte d'après les dessins de *Labrousse*. Rare.

4041. Grégoire. Géographie générale, physique, politique et économique. Nouvelle édition revue et corrigée. *Paris, Garnier, s. d.* ; gr. in-8, demi-rel. chagr. rouge. 12 fr.

100 cartes et nombreuses figures.

4042. Grenus (Jac.-Louis). Quelques Fables par J.-L. G. *Paris, de l'imp. de l'auteur*, 1800 ; pet. in-12, demi-rel. dos et coins de chagr. bleu, dos orné, tête dor., éb., *non rogné*.   20 fr.

Petit livre rare qui n'a pas été mis dans le commerce et qui n'a été tiré qu'à un très petit nombre d'exemplaires.

4043. Guasco (l'abbé de). De l'Usage des Statues chez les anciens. *Bruxelles, Boubers*, 1768 ; in-4, veau marbr.   5 fr.

Planches gravées sur cuivre.

4043 bis. Guéranger (Dom). Sainte Cécile et la société romaine aux premiers siècles. *Paris, Firmin-Didot*, 1875 ; in-4, demi-rel. chagr. rouge, plats toile, fers spéciaux, tr. dor. (*Rel. de l'édit.*).   20 fr.

Ouvrage illustré de 2 chromolithographies, de 6 planches en taille-douce et de 250 gravures sur bois.

4044. Guicciardin (Louis). Description de tous les Païs-Bas, autrement appellés la Germanie inférieure, ou basse Allemagne ; par messire Louis Guicciardin. *Anvers, Christ. Plantin*, 1582 ; in-fol., pl., veau fauve, fil., milieux. (*Rel. anc.*).   120 fr.

Frontispice, armoiries des principales villes, portrait de Philippe, archiduc d'Autriche, et 78 très belles planches gravées à l'eau-forte donnant les cartes des diverses contrées et les vues des villes décrites dans cet ouvrage.

4045. Guiffrey (Georges). Procès criminel de Jehan de Poytiers, seigneur de Saint-Vallier. *Paris, Lemerre*, 1867 ; in-8, demi-rel. mar. brun, tête dor., éb.   15 fr.

Envoi d'auteur.

4046. Guilbertus (Frater). Sermones ad omnes status de novo correcti et emendati. *Venundantur Parisii ab Goffredo de Marnef*. (In fine) : *Sermones fratris*

Guilliberti tornacencis... sumptibus et expensis Johannis Petit impressum. Parisii, anno 1513 *die vero* 22 *mensis Martii finunt feliciter* ; in-16 goth. de 236 ff., demi-rel. bas.   20 fr.

Grattage sur le titre.

4047. Guimet. Promenades japonaises. *Paris, Charpentier*, 1878 ; in-4, br.   8 fr.

Illustrations de *Félix Régamey*.

4048. Guizot. L'Histoire de France, depuis les temps les plus reculés jusqu'en 1879, racontés à mes petits-enfants. *Paris. Hachette*, 1873-1875 ; 4 vol. gr. in-8, fig., br. 30 fr.

Tomes I à IV, ornés de très belles illustrations d'*Alph. de Neuville*.

4049. Guizot. Mémoires pour servir à l'histoire de mon temps. Troisième édition. *Paris, Michel Lévy*, 1861-1867 ; 8 vol. in-8, br.   30 fr.

4050. Halévy (Ludovic). L'abbé Constantin. Illustré par Mme Madeleine Lemaire. *Paris, Calmann Lévy*, 1888 ; gr. in-8, br.   50 fr.

Un des 50 exemplaires sur PAPIER DE CHINE, avec la double suite des figures hors texte, en noir et en couleur.

4051. Hamilton (Antonin). Mémoires du comte de Grammont. Histoire amoureuse de la cour d'Angleterre sous Charles II. Préface et notes par Benjamin Pifteau. *Paris, J. Bonnassics*, 1876 ; pet. in-8, br.   7 fr.

Frontispice et 6 eaux-fortes par *Chauvet*.

4052. Hatin (Eugène). Les Gazettes de Hollande et la presse clandestine aux XVIIe et XVIIIe siècles. *Paris, Pincebourde*. 1865 ; in-8, demi-rel. chagrin bleu, tête dor., *non rogné*.   7 fr.

PAPIER VERGÉ. Eau-forte de *Ulm*.

4053 Haussonville (Comte d'). Ma Jeunesse. 1814-1820. Souvenirs. *Paris, Calmann Lévy*, 1885 ; in-8, demi-rel. chagrin bleu.   4 fr.

4054. Hélyot (le Père). Histoire des Ordres monastiques, religieux et militaires, et des congrégations séculières, de l'un et de l'autre sexe, qui ont été établies jusqu'à présent, leur origine, leur fondation, avec

Et de Livres anciens et modernes

les vies de leurs fondateurs. *Paris, Coignard,* 1714-1719 ; 8 vol. in-4, veau (*Rel. anc.*).   130 fr.

Bel ouvrage orné de 812 costumes de religieux et de religieuses gravées en taille-douce.

4055. Histoire critique et apologétique de l'ordre des chevaliers du temple de Jérusalem dits Templiers, par feu le R. P. M. J. (Mansuet jeune). *Paris, Guillot,* 1789 ; 2 tomes en 1 vol. in-4, veau.   10 fr.

Portrait colorié d'un chevalier de cet ordre, en costume de guerre.

4056. Histoire de Geofroy, surnommé à la Grand-dent, sixième fils de Mélusine, prince de Lusignan (par Fr. Nodot). *Paris, Vve Claude Barbin,* 1700 ; in-12, mar. rouge, dos orné, fil., tr. dor. (*Niédrée*). 25 fr.

4057. Histoires de Philippe de Valois et du roi Jean (par l'abbé de Choisy). *Paris, Claude Barbin,* 1688 ; in-4, veau.   15 fr.

Vignettes en-têtes gravées sur cuivre.

4058. Histoire secrette de la reine Zarah, ou la duchesse de Marlborough démasquée. Traduite de l'anglois (du docteur H. Sacheverell). *Oxford (Hollande), Alexandre le Vertueux,* 1711 ; in-12, veau.   8 fr.

4059. Hoffmann. Contes fantastiques, tirés des *Frères de Sérapion* et des *Contes nocturnes,* traduction de Loève-Veimars, avec une préface par G. Brunet. *Paris, Librairie des Bibliophiles,* 1883 ; 2 vol. in-12, demi-rel. mar. rouge, dos orné mosaïqué, fil., tête dor., *non rognés,* couv. conservée.   20 fr.

Très bel exemplaire orné de 11 eaux-fortes par *Ad. Lalauze.*

4060. Hoffmann. Lisistrata ou les athéniens, comédie en un acte et en prose, mêlée de vaudevilles, imité d'Aristophane, dont les représentations ont été suspendues par ordre... (par F.-B. Hoffmann). *Paris, Huet et Charon,* an X ; in-8, demi-rel. dos et coins de mar. brun, tête dor., *non rogné* (*Loisellier*).   8 fr.

4061. Horace. Poésies lyriques, traduction en vers de M. Goupy. Satyres et épîtres, traduction en prose, par le même. *Paris, Lavi-*

gne, 1841 ; 2 ouv. rel. en 1 vol. demi-veau fauve, front. et fig. sur bois.   20 fr.

4062. Horace et **Juvénal.** Satyres d'Horace et de Juvénal, avec quelques épigrammes choisies de Martial, traduites en vers françois par M. le président Nicole. *Paris, Charles de Sercy,* 1669 ; in-12, front., mar. rouge, dos orné, fil., tr. dor. (*Rel. anc.*).   15 fr.

Exemplaire provenant de la bibliothèque de COLBERT.

4063. Hoskins (G.-A.). Travels in Ethiopa above the second cataract of the nili, exhibiting the state of that Country, and its various inhabitants, under the dominion of Mohammed Ali ; and illustrating the antiquities arts, and history. *London,* 1835 ; in-4, cart. toile verte, *non rogné.*   20 fr.

Ouvrage illustré de 53 lithographies dont 6 en couleurs, représentant des vues de paysages, de monuments et d'antiquités.

4064. Houdetot (Adolphe d'). Galerie des Chasseurs illustres. *Paris,* 1855 ; in-8, br.   15 fr.

Nemrod. — S. Hubert. — Jules Gérard. Delegorgue. —Bombonnel—Elzéar Blaze. Rare édition complète ornée de 5 portraits et de 3 figures en taille-douce.

4065. Houssaye (Arsène). Les Parisiennes. *Paris, Dentu,* 1869 ; 4 tomes en 2 vol. in-8, demi-rel. chagr. rouge, tr. jaspée.   12 fr.

4 planches en taille-douce.

4066. Hugo (Victor). Les Chansons des rues et des bois. *Paris, Lacroix,* 1866 ; in-8, demi-rel. chagrin rouge,   3 fr.

4067. Hugo (Victor). Hernani ou l'honneur castillan, par Victor Hugo, représenté sur le Théâtre-francais le 25 février 1830 ; in-8, demi-rel. dos et coins de mar. rouge, tête dor., *non rogné.*   35 fr.

ÉDITION ORIGINALE en 8 et 154 pages. — Léger raccommodage à un feuillet.

4068. Hugo (Victor). Ruy Blas, drame en cinq actes. *Paris, Conquet,* 1889 ; gr. in-8, br.   90 fr.

Très belle édition. Exemplaire sur PAPIER DU JAPON, contenant 12 eaux-fortes d'*Adrien Moreau,* en deux états, avec et AVANT LA LETTRE.

Et de Livres anciens et modernes

4069. Hume (David). Histoire d'Angleterre, continuée jusqu'à nos jours, par Smollett, Adolphus et Aikin, trad. par Campenon. *Paris, Furne*, 1839-1840 ; 13 vol. in-8, port. et fig. demi-bas. verte. 15 fr.

4070. Hurtrel (Mme Alice). Les Amours de Catherine de Bourbon, sœur du roi et du comte de Soissons. *Paris, Georges Hurtrel*, 1882 ; pet. in-8, br. 5 fr.

    Illustrations de *Lalauze, Riester, Uzès* et *G. Hurtrel*.

4071. Ibn - Omar El Tounsy (Cheykh Mohammed). Voyage au Darfour. *Paris, Duprat*, 1845. — Voyage au Ouadây. *Paris, Duprat*, 1851, 1 vol. et atlas. Ens. 2 vol. et 1 atlas in-8, br. 25 fr.

    Ces deux ouvrages sont la relation d'un voyage dans le Soudan oriental, ils ont été traduits de l'arabe par le Dr Perron et publiés par les soins de M. Jomard. Chaque ouvrage est accompagné de cartes et de planches d'habitation, de portraits et de musique.

4072. L'Imitation de Jésus-Christ, traduction nouvelle, de M. l'abbé Dassance. *Paris, L. Curmer*, 1836 ; gr. in-8, demi-rel. chagr. brun, plats toile, *non rogné*. 25 fr.

    Illustrations par *Tony Johannot* et *Cavelier*, tirées AVANT LA LETTRE.

4073. Imitation (l') de Jésus-Christ, précédée d'une préface par Louis Veuillot. *Paris, Glady*, 1876 ; in-8, fig., br. 20 fr.

    Figures de *Jacquemart, Lehmann, Maillot, Lameire, Chiffart, Delaunay*, etc., gravées à l'eau-forte.

4074. Jamblicus. De Mysteriis Ægyptiorum, Chaldæorum, Assyriorum. *Luguduni, apud Joannam Tornœsium*, 1607 ; in-16 de 543 pp., mar. rouge, fil. à froid, milieux, tr. dor. 20 fr.

4075. Janin (Jules). Un Hiver à Paris. Deuxième édition. *Paris, Curmer*, 1844, gr. in-8. L'Été à Paris. *Paris, Curmer*, gr. in-8 ; ens. 2 vol. gr. in-8, demi-rel. chagr. rouge, dos ornés. 20 fr.

    Chacun de ces ouvrages est orné de jolies vignettes gravées sur bois.

4076. Janin (Jules). Voyage en Italie. *Paris, Bourdin, s. d.* (1842) ; gr. in-8, titre gravé, cart. toile, *non rogné*. 15 fr.

    Portrait de l'auteur et nombreuses planches sur acier. Taches d'humidité.

4077. Jaubert (Amédée). Éléments de la Grammaire turke, à l'usage des élèves de l'école royale et spéciale des langues orientales vivantes ; 2e édition. *Paris, Didot*, 1833 ; in-8, demi-rel. veau fauve. 10 fr.

    Rare.

4078. Jean (Frère). Du Neuf et du Vieux, contes et mélanges (par Vaugours). *Rouen, impr. Brière*, 1866 ; in-8, demi-rel. veau gris. 15 fr.

4079. Jeffries (David). Traité des Diamants et des Perles, où l'on considère leur importance, on établit des règles certaines pour en connaître la juste valeur, et l'on donne la vraie méthode de les tailler. *Paris, Debure*, 1753 ; in-8, basane. 10 fr.

    Dix planches techniques gravées en taille-douce.

4080. Josèphe (Flavius). Josephi Machaciae filii hebraei genere sacerdotis ex Hierosolymis de Bello judaico. (*Impressum in Veronæ, per Magistrum Petrus Maufer Gallicum, anno* 1480) ; pet. in-fol., mar. rouge, dos orné, fil., tr. dor. (*Rel. anc.*). 75 fr.

    Première partie seule en 181 ff. non chiffr. de l'édition véronaise imprimée par Pierre Maufer en janvier 1480. Cet incunable complet se compose de 213 ff. de 36 lignes à la page entière, dont 2 liminaires que nous ne possédons pas. (Voy. Hain. Repertorium bibliographicum, n° 9452).
    Exemplaire dans une belle reliure.

4081. Journal des missions évangéliques. *Paris*, 1854 à 1878 inclus ; 28 vol. in-8, dem. vélin blanc avec coins. 30 fr.

4082. Juvenalis (D. Junii) satirarum libri V. Sulpiciæ satira. Nova editio, cura Nicolai Rigaltii. *Lutetiæ, ex officina Rob. Stephani*, 1616 ; in-12, mar. brun, comp. de fil., tr. dor. (*Rel. anc.*). 50 fr.

4083. Keepsake breton. *Rennes, Marteville*, 1832 ; in-8 de 120 pp., br. couv. 10 fr.

    Première année publiée avec la collaboration Amand, J. Bernard, Boulay-Paty, Chateaubriand, Deslarres, Ducrest de Villeneuve, Duval, Fontan, Fulgence Girard, Goubert, Keratry, Lamennais, Letellier, Hipp. Lucas, Ménard, Elisa Mercœur, Souvestre et Turquety.

Et de Livres anciens et modernes

4084. Kitto (John). The pictorial history of Palestine and the holy land, including a complete history of the Jews. With five Hundred engravings on Wood. *London, Ch. Knight*, 1844; 2 vol. gr. in-8, cart. percaline verte, *non rognés*. 20 fr.

Illustré de nombreuses vignettes sur bois.

4085. Koch. Histoire de la campagne de 1814. Atlas. *Paris, 1879*; pet. in-fol. demi-veau vert. 10 fr.

4086. La Chau (l'abbé de). Dissertation sur les attributs de Vénus. *Paris, impr. Prault*, 1776 ; in-4, veau fauve, dos orné, fil., tr. dor. (*Rel. anc.*). 80 fr.

Exemplaire illustré d'une belle gravure avant la coquille et avant la bordure, de Vénus Anadyomène, d'après *Titien*, gravée par *Ant. de Saint-Aubin*, d'un fleuron sur le titre, d'un en-tête, de 13 vignettes dans le texte, d'une planche de 8 médailles antiques et d'un cul-de-lampe.

4087. La Croix du Maine. Bibliothèque du sieur de La Croix du Maine, qui est un catalogue général de toutes sortes d'auteurs qui ont écrit en français depuis cinq cents ans et plus, jusques à ce jour. *Paris, Abel l'Angelier*, 1584 ; in-fol., veau marbr., fil., tr. dor. (*Rel. anc.*). 150 fr.

Bel exemplaire aux armes du duc d'Aumont. Très rare dans cette condition.

4088. Laët (Jean de). L'Histoire du nouveau monde ou description des Indes occidentales, contenant dix-huit livres, par le sieur Jean de Laët d'Anvers. Enrichi de nouvelles tables géographiques et figures des animaux, plantes et fruits. *Leyde, B. et A. Elsevier,* 1540; in-fol., veau fauve, dos orn., fil., milieux dor. (*Rel. anc.*). 25 fr.

4088 bis. La Fontaine. Œuvres. Nouvelle édition revue, mise en ordre, et accompagnée de notes, par C.-A. Walckenaer. *Paris, Lefèvre*, 1822-1823 ; 6 vol. in-8, demi-veau rouge, dos orné, tr. marb. 160 fr.

Édition illustrée du portrait de La Fontaine, gravé par *Dequevauviller* d'après *Moreau*, et de 25 figures de *Moreau*, gravées par *Dequevauviller, Schrœder, Heina*, etc.
Exemplaire auquel on a ajouté :
1° La suite des 120 figures, pour l'édition de Nepveu, 1820-1821, gravées par *Forsell, Leroux, Pauquet, Pourvoyeur,* etc., d'après les dessins de *Desenne, Chaudet, Huet*, etc. (moins le portrait), augmentée de la suite des 27 nouvelles figures, publiée par la librairie *Peytieux* en 1825. Ces deux suites tirées sur format in-8 sont entourées d'encadrements imprimés en bleu. Ces encadrements très bien gravés sont de quatre sortes ; 1 pour les fables, 1 pour les contes, 1 pour le théâtre, 1 pour Psyché.
2° La suite des 12 figures de *Tony-Johannot*, gravées sur acier par *Ch. Mauduit, Ch. Lalaisse, Cousin*, etc., et d'un portrait de La Fontaine par *Hopwood* pour l'édition de Furne, 1853.
3° Deux portraits de La Fontaine, gravés par *Bertonnier* d'après *Rigault* et par *Burdel* d'après *Desenne*.
4° Le frontispice gravé, rehaussé d'or (avec la date de 1839) pour les Fables, édition Armand Aubrée.
5° Trois figures pour Psyché ; une gravée par *Heina* d'après *Leguay*, et deux sans noms d'artistes.
Ensemble 191 figures dont 165 ajoutées.

4089. La Fontaine. Contes et nouvelles en vers, avec notice et notes par A. Pauly. *Paris, A. Lemerre*, 1868 ; 2 vol. in-12, demi-rel. dos et coins de mar. rouge, dos orné, tête dor., *non rognés*. 25 fr.

PAPIER VERGÉ. Rare.

4090. La Fontaine. Contes et Nouvelles en vers. *Lyon, Scheuring,* 1874 ; 2 vol. in-8, br. 40 fr.

Figures, vignettes en-têtes et culs-de-lampe gravés à l'eau-forte.

4091. La Fontaine. Fabulae selectae d. de La Fontaine latinis redditae carminibus variaque carmina. Ad usum studiosa inventutis. *Trecis, apud Jacobum Febvre*, 1696; in-12, vélin. 10 fr.

Texte français, traduction latine en regard.

4092. La Fontaine. Fables, avec un nouveau commentaire littéraire et grammatical, par Ch. Nodier. *Paris, Alexis Emery, impr. de P. Didot l'ainé*, 1818 ; 2 vol. in-8, cart., *non rognés*. 50 fr.

Figures de Bergeret. — Papier vélin.

4093. La Fontaine. Œuvres complètes. Nouvelle édition avec notes et commentaires, bibliographie, etc., par Marius Moland. *Garnier frères*, 1872-1876 ; 7 vol. in-8, br. 45 fr.

De la collection des *Chefs-d'œuvre de la littérature française*.
Exemplaire sur PAPIER DE HOLLANDE. Les figures manquent.

Achat de Bibliothèques

4094. La Fontaine. Suite complète de 40 eaux-fortes, d'après Fragonard, Lancret, etc., pour illustrer les « Contes ». *Paris, Lemerre*, s. d.; gr. in-8, *en feuilles* dans un carton.   35 fr.

Tirage sur PAPIER WHATMAN AVANT LA LETTRE, publié à 100 fr.

4095. La Fontaine. 72 eaux-fortes d'après Oudry, gravées par Courtry, Greux, Lemaire, Le Rat, Martinez, Mongin, Monziès et Rousselle pour les FABLES. *Paris, Lemerre*, s. d.; gr. in-8, *en feuilles* dans un carton.   50 fr.

Suite sur *Chine* AVANT LA LETTRE, publiée à 100 francs.

4096. La Fontaine. Suite de 90 en-têtes par Duplessi-Bertaux, pour illustrer les Contes de La Fontaine; in-16, demi-rel. chagrin violet. 30 fr.

Épreuves sur PEAU DE VÉLIN. Tirage moderne.

4097. Lahorty-Hadji. La Syrie, la Palestine et la Judée et pèlerinage à Jérusalem et aux lieux saints. *Paris, Bolle-Lasalle*, 1853; in-4, bas. verte.   6 fr.

20 jolies planches gravées sur acier.

4098. La Huguerye (Michel de). Mémoires inédits, publiés par le baron A. de Ruble. *Paris, Loones*, 1877-1878 ; 2 vol. in-8, br.   10 fr.

De la collection de la *Société de l'histoire de France*.

4099. Lami (E.-O.). Voyages pittoresques et techniques en France et à l'Etranger. Préface de M. Léon Say. Le Nord de la France et Excursions en Belgique. *Paris, Jouvet*, 1892 ; in-4, br.   8 fr.

203 figures dans le texte.

4100. La Motte (Houdart de). Fables nouvelles dédiées au roy. Par M. de la Motte. Avec un discours sur la fable. *Paris, Dupuis*, 1719 ; in-4, veau brun, dos orné, fil. (*Rel. anc.*).   35 fr.

Charmantes figures à mi-page gravées en taille-douce d'après *Gillot, Coypel* et *Picart*. Bonnes épreuves.

4101. La Motte Valois. Mémoires justificatifs de la comtesse de Valois de la Motte, écrits par elle-même. *Londres*, 1782. — Second mémoire justificatif de la comtesse de Valois de La Motte. Ecrit par elle-même. *Londres*, 1790. Ens. 2 vol. in-8, rel. en un, fig., demi-mar. brun, tête dor., *non rogn.* 12 fr.

Pamphlets violents contre Marie-Antoinette.

4102. La Rochefoucauld. Œuvres. Nouvelle édition revue sur les plus anciennes impressions et les autographes par M. D.-L. Gilbert. *Paris, Hachette*, 1868-1883 ; 4 parties en 3 vol. in-8, demi-chag. brun, *non rognés.*   15 fr.

Tomes I, II, III 2e partie et appendice au t. I.

4103. La Roque et Barthélemy. Catalogue des gentishommes qui ont pris part ou envoyé leur procuration aux assemblées de la noblesse pour l'élection des députés aux Etats généraux de 1789. *Paris*, 1861-1865, 31 fasc. Catalogue de la noblesse des colonies et des familles anoblies ou titrées sous l'Empire, la Restauration et le Gouvernement de Juillet. *Paris*, 1865. — Catalogue des gentilshommes en 1789 et des familles anoblies ou titrées depuis le premier Empire jusqu'à nos jours (1806-1866). Supplément et tables. *Paris*, 1866. — Supplément au catalogue des familles titrées sous le premier Empire d'après les documents officiels suivi de la liste des titres concédés depuis 1866. *Paris*, 1874. Ensemble 34 fascicules, in-8, br.   75 fr.

Rare ainsi complet.

4104. Las Cases. Mémorial de Sainte-Hélène, ou journal où se trouve consigné jour par jour ce qu'a dit et fait Napoléon durant 18 mois. *Paris*, 1823-1825 ; 9 vol. in-8, demi-veau vert, dos orné, tr. marb. (*Rel. de l'époque*). 70 fr.

Portraits de Napoléon gravé par *Robinson* d'après *Desenne*, et du C'e de Las Cases par *Bordes*. 3 vues de Longwood en couleur, 2 cartes, 1 plan.

4105. Lasserre (Henri). Notre-Dame de Lourdes. *Paris*, 1877 ; gr. in-8, demi-rel. chagrin rouge, plats toile, tr. dor. (*Rel. de l'éditeur*).   18 fr.

Édition illustrée d'encadrements variés à chaque page et de chromolithographies, scènes, portraits, vues à vol d'oiseau, cartes et paysages.

Et de Livres anciens et modernes

4106. **Lavedan** (Henri). Les Marionnettes. *Paris, C. Lévy*, 1895; in-18, br.   6 fr.

> Édition originale. Grand papier de Hollande.

4107. **Lavergne** (Alexandre de). L'Aîné de la famille. *Paris, Ambr. Dupont*, 1839 ; 2 vol. in-8, demi-rel. veau fauve.   6 fr.

> ÉDITION ORIGINALE. Envoi d'auteur.

4108. **Lefevre** (Maurice). Scaramouche, conte, suivi de l'argument du ballet. *Paris, P. Ollendorff*, 1891 ; pet. in-8, br., couv.   5 fr.

> Couverture en couleur de *Chéret*.

4109. **Le Fèvre**. Chronique de Jean le Fèvre, seigneur de Saint-Rémy, publiée par François Morand. *Paris, Loones*, 1876-1881 ; 2 vol. in-8, cart.   10 fr.

> De la collection de la *Société de l'histoire de France*.

4010. **Le Fèvre** (Jules). Sir Lionel d'Arguenay. *Paris, Dupuy et Allardin*, 1834 ; 2 vol. in-8, demi-rel. dos et coins de veau fauve.   8 fr.

> ÉDITION ORIGINALE.

4111. **Lefèvre-Deumier**. Les Martyrs d'Arezzo. *Paris, Firmin-Didot*, 1885 ; 2 vol. gr. in-8, br. 5 fr.

4112. **Lemaistre** (Alexis). L'École des Beaux-Arts, dessinée et racontée par un élève. *Paris, Didot*, 1889 ; gr. in-8, br.   8 fr.

> Ouvrage des plus homoristiques, illustré de 60 gravures hors texte.

4113. **Le Mascrier**. Description de l'Egypte, contenant plusieurs remarques curieuses sur la géographie ancienne et moderne de ce païs, sur ses monumens anciens, sur les mœurs, les coutumes et la religion des habitans, sur le gouvernement et le commerce, sur les animaux, les arbres, les plantes, etc... Composé sur les mémoires de M. Maillet, ancien consul de France au Caire. *Paris*, 1735 ; in-4, veau, dos orn. (*Rel. anc.*).   10 fr.

> Orné d'un beau portrait de Benoît de Maillet, une carte et plusieurs planches, vues de monuments, figures de momies, animaux, etc.

4114. **Lermont** (Jacques). Miss Linotte. *Paris, Charavay, s. d.*; gr. in-8, br.   3 fr.

> Illustrations d'*Émile Bayard*.

4115. **Le Roux** (Pierre). Le diable dans un bénitier, et la métamorphose du Gazetier cuirassé en mouche, ou tentative du sieur Receveur, inspecteur de la police de Paris, chevalier de St-Louis, pour établir à Londres une police à l'instar de celle de Paris, dédié à Mgr le Mis de Castries, ministre et secrétaire d'Etat au dépt de la Marine, etc. Revu et augmenté par M. l'abbé Aubert, censeur royal (composé) par Pierre Le Roux, ingénieur des grands chemins (Anne Gédéon La Fitte, marquis de Pellepore). *Paris, impr. roy., s. d.* (vers 1784); in-8, front. grav., demi-mar. vert, dos orn., tête dorée, *non rogné*. 15 fr.

4116. **Le Sage**. Histoire de Gil Blas de Santillane. *Paris, Paulin*, 1835; gr. in-8, br., couv. ill. 120 fr.

> Edition illustrée du portrait de Gil Blas, sur Chine volant, et de nombreuses vignettes de *Jean Gigoux*. Exemplaire de PREMIER TIRAGE. La couverture porte la date de 1836.

4117. **Lesné**. La Reliure, poème didactique en six chants ; par Lesné, relieur à Paris. Seconde édition. *Paris, l'auteur et Jules Renouard*, 1827 ; in-8, cart., *non rogné*. 20 fr.

> Edition tirée à 125 exemplaires numérotés sur GRAND PAPIER RAISIN VÉLIN.

4118. **L'Estoile**. Mémoires-journaux de Pierre de l'Estoile. Edition complète et entièrement conforme aux manuscrits originaux, publiée avec de nombreux documents inédits et un commentaire historique, biographique et bibliographique, par Brunet, Champollion, P. Lacroix, Tamizey de Larroque, etc. *Paris, Jouaust*, 1875-1883 ; 11 vol. in-8, demi-mar. rouge, têtes dorées, *non rognés*.   60 fr.

> Exemplaire sur papier vergé des Vosges.

4119. **Le Vassor** (Michel). Histoire du règne de Louis XIII. *Amsterdam, Z. Chatelain*, 1750-1751 ; 10 tomes en 18 parties, in-12, fig., rel. veau marb., dos orn., fil. et coins, tr. dor. (*Rel. anc.*).   30 fr.

> Bel exemplaire.

4120. **Leverrier de La Conterie**. L'Ecole de la chasse aux chiens courants ou vénérie normande. Nouvelle édition, revue et annotée, précédée d'une introduction et de la Saint-Hubert. Avec un nouveau traité de la maladie des chiens, les tons de chasse, etc. *Paris, Bouchard-Huzard,* 1845 ; in-8, fig., demi-rel. chagr. vert. 12 fr.

4121. Livre (le) des cent Ballades, contenant des conseils à un chevalier pour aimer loialement et les responses aux ballades, avec une introduction, des notes historiques et un glossaire par le marquis de Queux de Saint-Hilaire. *Paris, Maillet (impr. Perrin, de Lyon),* 1868 ; in-8, br. 5 fr.

PAPIER VERGÉ NUMÉROTÉ. Texte encadré d'un filet rouge.

4122. Llorente. Histoire critique de l'inquisition d'Espagne, trad. par A. Pellier. *Paris,* 1817 ; 4 vol. in-8, demi-veau ant., papier vélin, portrait. 30 fr.

4123. Longus. Daphnis et Chloé ou lés pastorales de Longus, traduites du grec par Amyot. *Paris, Leclère,* 1863 ; pet. in-8, portr., demi-rel. chagr. orange, tr. rouge. 18 fr.

Jolis en-têtes par *Eisen* et *Wille* gravés par de *Longueil,* tirés du poème de Du Rosoy, « les Sens ».

4124. Longus. Les Pastorales de Longus ou Daphnis et Chloé. Traduction de Messire J. Amyot, revue et complétée par Paul-Louis Courrier. *Paris, Lemerre,* 1879 ; pet. in-8, br. 18 fr.

Très jolie édition avec le texte encadré d'un filet rouge.

4125. Louvet de Couvray. Les Amours du chevalier de Faublas. Nouvelle édition. *Paris, Tardieu,* 1811 ; 4 vol. in-8, demi-rel. veau. 30 fr.

8 jolies figures en taille-douce d'après les dessins de *Colin.*

4126. Louvet de Couvray. Amours du chevalier de Faublas. Nouvelle édition ornée de 4 jolies gravures d'après Marillier. *Paris,* 1884 ; 4 vol. in-16, br. 40 fr.

L'un des 75 exemplaires sur PAPIER DU JAPON. Texte encadré. Figures gravées par *Champollion.*

4127. Lycklama a Nijeholt. Voyage en Russie, au Caucase et en Perse. *Paris et Amsterdam,* 1872 ; 2 vol. gr. in-8, br. 15 fr.

4128. Maimbourg. Histoire de la ligue. *Paris, Séb. Mabre-Cramoisy,* 1683 ; in-4, vélin blanc à recouv. 15 fr.

1 vignette sur le titre, 5 vignettes en-têtes et 2 culs-de-lampe de *S. le Clerc.*

4129. Mainard (Louis). Une Cousine d'Amérique. Illustré de cent dessins de Kauffmann. *Paris, Charavay, s. d.;* gr. in-8, br. 7 fr.

Illustrations en noir et en couleur.

4130. Maistre (Xav. de). Voyage autour de ma chambre. *Paris, Tardieu,* 1861 ; in-12, demi-rel. dos et coins de mar. rouge, tête dor., éb. 15 fr.

Exemplaire avec la suite des en-têtes de *Veyssier,* gravée sur bois par *Guillaume,* tirées hors texte.

4131. Malherbe. Poésies de Malherbe, suivies d'un choix de ses lettres. Edition nouvelle avec des variantes et des notes. *Paris, Janet et Cotelle,* 1822 ; in-8, veau vert, dos orné, fil., dent. et milieux à froid sur les plats, tr. dor. (*Rel. de l'époque).* 10 fr.

Bonne édition ornée d'un portrait de Malherbe, dans une jolie reliure de l'époque. Taches de rousseur.

4132. Mangin (Arthur). L'Homme et la Bête. *Paris, Firmin Didot,* 1872 ; in-8, br. 5 fr.

100 gravures sur bois.

4133. Manne (E.-D. de). Galerie historique des comédiens français de la troupe de Voltaire, avec détails biographiques inédits, recueillis sur chacun d'eux, par de Manne. *Lyon, Scheuring,* 1877 ; in-8, br. 15 fr.

Portraits gravés à l'eau-forte par *H. Lefort.* Publié à 50 francs.

4134. Manne (de) et **Menetrier.** Galerie historique des Comédiens de la troupe de Nicolet. *Lyon, Scheuring (impr. de L. Perrin),* 1866 ; in-8, br. 25 fr.

PREMIÈRE ÉDITION. Portraits gravés à l'eau-forte par *Hillemacher.*

4135. Manne (de) et **Menetrier.** Galerie historique des acteurs français, mimes et paradistes, pour servir de complément à la troupe de Nicolet. *Lyon, Scheuring,* 1877 ; in-8, br. 15 fr.

Orné de 48 portraits gravés à l'eau-forte par *Fugère.*

Et de Livres anciens et modernes

4136. Mantz (Paul). Les Chefs d'Œuvre de la peinture italienne. *Paris, Quantin ;* in-fol., cart. toile verte.   50 fr.

20 chromolithographies de *Kellerhoven.*

4137. Marche de Cavalli. *S. l. n. d.* (*Venetia*, 1589 ; pet. in-12, vélin.   45 fr.

Titre AVANT LETTRE et 86 planches donnant les marques des chevaux des plus fameuses écuries italiennes du XVI° siècle, Bel exemplaire dans sa reliure originelle.

4138. Marguerite de Navarre. Les Marguerites de la Marguerite des princesses, texte de l'édition de 1547, publié avec introduction, notes et glossaire par F. Franck et accompagné de la reproduction des gravures sur bois, de l'original et d'un portrait de Marguerite de Navarre. *Paris, libr. des bibliophiles,* 1873 ; 4 vol. in-8, br.   40 fr.

L'un des 15 exemplaires tirés sur PAPIER WHATMAN.

4139. Marguerite de Valois. Suite de 1 portrait et de 17 figures gravés à l'eau-forte par Martinez d'après Freudenberg pour illustrer l'Heptaméron. In-4, *en feuilles,* dans un carton.   60 fr.

Épreuves AVANT LA LETTRE tirées sur papier fort de Hollande.

4140. Marion (Jehan). Rondeaux et vers d'amour par Jehan Marion, poète nivernois du XVI° siècle, publiés par Prosper Blanchemain. *Paris, Léon Willem,* 1873 ; in-8, br.   5 fr.

Un des 6 exemplaires sur PAPIER DE CHINE.

4141. Marryat. Histoire des poteries, faïences et porcelaines. *Paris, Vve Renouard,* 1866 ; 2 vol. in-8, demi-veau fauve.   25 fr.

Figures dans le texte.

4142. Marsilli (Louis-Ferd. comte de). Histoire physique de la Mer (traduite par D. Le Clerc). Ouvrage enrichi de figures dessinées d'après le naturel. *Amsterdam, aux dépens de la Compagnie,* 1725 ; in-fol., mar. rouge, dos orné, fil., tr. dor. (*Rel. anc.*).   100 fr.

Très bel exemplaire orné d'un frontispice et de 40 planches gravés en taille-douce par *Pool.*

4143. Marteau (Amédée). Satyres. *Paris, Poulet-Malassis,* 1861 ; in-8, demi-rel. veau fauve, tête dor., *non rognés.*   15 fr.

Frontispice dessiné et gravé à l'eau-forte par *Bracquemond.* Très rare.

4144. Martial d'Auvergne. Aresta amorum. Cum erudita Benedicti Curtii Symphoriani explanatione. *Lugduni apud Seb. Gryphium,* 1533 ; pet. in-4, veau marbré, dos orné. (*Rel. anc.*).   35 fr.

PREMIÈRE ÉDITION, très rare, renfermant 51 arrêts qui ne sont pas, comme le remarque Brunet, relevant le dire de Dupin l'aîné, « un commentaire sérieux, qu'au contraire c'est un badinage d'autant plus agréable qu'il ne paraît pas que l'auteur y touche ».

4145. Massarani (Tullo). Théorie des Arts au XIX° siècle. Charles Blanc et son œuvre. Avec une Introduction par Eug. Guillaume. *Paris, Rothschild,* 1885 ; in-12, portr., br.   8 fr.

4146. Massillon. Œuvres choisies de Massillon. *Paris, Delestre-Boulage,* 1823-1824 ; 6 vol. in-8, demi-rel. veau rose, dos orné, tr. marbr.   35 fr.

Sermons pour le Carême. — Sermons pour l'Avent. — Petit Carême. — Conférences et discours.

4147. Matrone (La) du pays de Soung. Les deux Jumelles (contes chinois). *Paris, Lahure,* 1884 ; in-8, br.   7 fr.

Trois jolies figures en couleurs, par *V.-A. Poirson.*

4148. Mazarinades. Recueil de 27 pièces, rel. en 1 vol., dos et coins de mar. brun, *non rogné.* 30 fr.

Déclaration du roy contre madame la duchesse de Longueville, les sieurs duc de Bouillon, maréchal de Turenne, prince de Marsillac, et leurs adhérans. *Paris, Estienne,* 1650. — Le Manifeste de Mgr de Longueville sur sa déclaration fait le 8 du courant... *Paris,* 1652. — Les prodiges arrivez à l'emprisonnement et le triomphe du duc de Beaufort, *s. l.,* 1650. — La Deffence du prince invincible, *s. l. n. d.* — Les dernières paroles de M. le duc de Chastillon mourant, à M. le prince de Condé. *Paris, Sara,* 1649. — Le manifeste de Mgr le duc de Guise, touchant les particularitez de son emprisonnement et les raisons de sa fonction avec M. le prince, *s. l. n. d.* — Le manifeste de M. de Chasteau-Neuf touchant les raisons de sa retraite hors de la Cour. *Paris,* 1652. — La Puce à l'oreille ou la cabale mazarine destruite par l'arrivée de l'archiduc Léopold.. *Paris, Martin Maury,* 1652. — Triolets à faire le tacet sur le temps présent. *Paris. Le Porteur,* 1652.

Achat de Bibliothèques

— L'homme qui ne craint rien, et qui dit tout, à M. le maréchal de la Milleraye. *Paris*, 1649. — Le corps mourant et l'esprit vivant de M. le duc de Chastillon, mis en vers par M. M. G. A. Elegie, *Paris, du Pont*, 1649. — Lettre de consolation envoyée à madame de Chastillon, sur la mort de M. de Chastillon. *Paris, Brunet*, 1649. — Lettre de M. de Balzac à M. le duc de Beaufort, du 31 janvier 1649. *Paris, Cl. Huot*, 1649. — Remarques importantes à la cause commune, sur les actions et la conduite de M. d'Elbeuf, dans les affaires de ce temps. *Paris, Peuveray*, 1649. — Lettre de consolation envoyée à madame la duchesse de Rohan, sur la mort de feu M. le duc de Rohan son fils, surnommé Tancrède. *Paris, Huot*, 1649. — Harangue faite à madame la duchesse de Longueville sur la liberté des princes de Condé, de Conty et duc de Longueville, prononcée par le sieur de Sommerance. *Paris, Bessin*, 1651. — Le manifeste d'Espagne faict contre Mazarin apporté par madame la duchesse de Longueville, présentée à MM. les princes, à son arrivée, 1651. — Factum du procès intenté entre Caesar de Vandosme, duc de Vandosmois, d'Estampes et de Pentieure.... et aussi contre François de Vandosme , duc de Beaufort, son fils. *S. l. n. d.* — Le courrier étranger, contenant la lettre de créance que l'archiduc Leopolde a envoyée à MM. de la Cour du Parlement de Paris.... *Paris, Alliot*, 1649. — Ode sur dom Joseph de Illescas, prétendu envoyé de l'archiduc Leopold, 1649. — Arrest de la Cour du Parlement sur l'advis que Mgr le prince de Conty a donné à l'entrée de l'archiduc Léopold en France. *Paris*, 1649. — Lettre du cardinal Mazarin, escrite au s. archiduc Leopold ; ensemble celle de M. de la Tour, gouverneur d'Arras, escrite à Mgr le prince de Conty. *Paris*, 1649. — Advis important et nécessaire à M. de Beaufort et M. le coadjuteur. *S. l.*, 1650. — Advis sur le gouvernement de l'Etat. *S. l.*, 1650. — Les souhaits de la France à Mgr le duc d'Angoulesme. *S. l. n. d.* — Le Caton françois disant les véritez. *S. l. n. d.* — Declaration pour Mgr le prince de Conty où sont désavouées les impostures advancées du libelle intitulé : Lettre de M. le prince de Conty, escrite au roy sur son voyage de Berry. *S. l.* 1651.

4149. **Melanchton**. Grammatica Phil. Melanchtonis latina, jam denuo recognita, et plerisque in locis locupletata. *Lutetiæ, ex off. Roberti Stephani*, 1550 ; in-8, veau, fil., tr. dor. milieux. (*Rel. du XVIe siècle*).   15 fr.

     Grattage sur le titre et piqûres de vers.

4150. **Mélange** de poésies fugitives et de prose sans conséquence par Mme la comtesse de (Beauharnais). *Amsterdam et Paris, Delalain*, 1776 ; 2 vol. in-8, fig., rel. en un, veau fauve, dos orné. (*Rel. anc.*).   15 fr.

     On trouve dans cet ouvrage VOLSIDAR et ZULMÉNIE, conte pour rire, qui forme avec STÉPHANIE le 2e volume.

     Illustré de 2 frontispices de *Marillier*, gravés par *Née*, et 4 figures par le même, gravées par *de Ghendt, Ponce, Lebeau* et *Godefroy*,.

4151. **Mémoires** historiques et authentiques sur la Bastille, dans une suite de près de trois cens emprisonnemens. détaillés et constatés par des pièces, depuis 1475 jusqu'à nos jours (Publiés par J.-L. Carra). *Londres et Paris, Buisson*, 1789 ; 3 vol. in-8, cart. 10 fr.

     Planche gravée par *Sellier*, représentant la prise de la Bastille.

4152. **Mendès** (Catulle). Lesbia. *Paris, M. de Brunhoff*, 1886 ; in-12, cart., *non rogné*, couv.   8 fr.

     PAPIER DE HOLLANDE, tiré à 12 exemplaires (n° 2).

4153. **Méon**. Blasons, poésies anciennes des XVe et XVIe siècles extraites de différents auteurs, imprimés et manuscrits, par M. D. M*** (Méon). Nouvelle édition augmentée d'un glossaire. *Paris, Guillemot*, 1809 ; in-8, demi-rel. mar. bleu.   18 fr.

     Exemplaire d'A. AUDENET.

4154. — LE MÊME. *Paris*, 1809 ; in-8 basane.   15 fr.

4155. **Mercier** (le R. P.). Vie de la R. Mère Thérèse de Saint-Joseph (Ernestine d'Augustin), ancienne prieure du Carmel de Tours, 1819-1890. *Paris*, 1892 ; in-8, cart. 4 fr.

4156. **Mérimée**. La double Méprise, par l'auteur du théâtre de Clara Gazul. *Paris, Fournier*, 1833 ; in-8, demi-rel. veau gris (*Capé*) 25 fr.

     ÉDITION ORIGINALE.

4157. **Messie** (Pierre). Les diverses Leçons, mises de castillan en françois, par Cl. Gruget, parisien. Plus la suite de celles d'Ant. du Verdier, S. de Vauprivas. *Tournon, par Cl. Michel, impr. de l'Université*, 1610 ; pet. in-8, mar. noir, jans., tr. dor.   25 fr.

4158. **Méténier**. La Grâce. *Paris, Giroud*, 1886 ; in-12, cart., *non rogné*.   40 fr.

     ÉDITION ORIGINALE SUR PAPIER DE HOLLANDE. illustrée de 6 aquarelles originales de *J. Apoux*.

Et de Livres anciens et modernes

4159. Michaud. Histoire des Croisades. *Paris, Furne,* 1854 ; 4 vol. in-8, fig. et cartes, br.   16 fr.

4160. Michelet. Histoire de la Révolution française. *Paris, Chamerot,* 1847-1853 ; 7 vol. in-8, demi-rel. veau fauve.   25 fr.

4161. Mille et un jours (Les) contes orientaux traduits du turc, du persan et de l'arabe, par Petits-de-la-Croix . Galland, Cardonne, Chawis et Cazotte, etc., avec une notice par Collin de Plancy. *Paris, Rapilly,* 1826 ; 5 vol. in-8, demi-veau bleu, dos orné, tr. marbr. (*Rel. de l'époque*).   35 fr.

> Illustré de 10 figures de *Devéria,* gravées par *Fontaine, Mauduit, Le Comte, Touzé, Boilly, Derly.*

4162. Mille et une nuits (Les) contes arabes, traduits en français par Galland, nouvelle édition par Edouard Gauttier. *Paris, Collin de Plancy,* 1822-1823 ; 7 vol. in-8, demi-veau bleu, dos orn., tr. marb. (*Rel. de l'époque*).   50 fr.

> Illustrés de 21 figures de *Chasselat.* sur CHINE AVANT LA LETTRE, gravées par *Ruhierre, Derly, Godefroy, Fauchery, Kœnig, Lejeune, Pfitzer, Bacquoy, Rouargue, Massard, Delvaux* et *Lecomte.*

4163. Mille et une nuits. The Thousand and one nights, commonly called, in england, the arabian nights' entertainments. A new translation from the arabic, with copious notes by Edward William Lane, illustrated by Many Hunbred engravings on wood, from original desings by William Harvey. *London, Ch. Knight,* 1841 ; 3 vol. gr. in-8, cart. percaline verte. *non rognés.*   40 fr.

> Superbe édition des Mille et une Nuits en anglais, illustrée de nombreuses vignettes sur bois.

4164. Mille et une nuits (Les). Contes arabes traduits par Galland. *Paris, Garnier, s. d.;* gr. in-8, br.   6 fr.

4165. Milleville. Armorial historique de la noblesse de France. *Paris, Amyot* (1845) ; gr. in-8, demi-rel. dos et coins de veau bleu.   12 fr.

> Frontispice gravé et nombreux blasons insérées dans le texte.

4166. — Le même. *Paris,* 1845 ; gr. in-8, demi-rel. veau fauve.   12 fr.

> Blasons et figures sur bois. Dans cet exemplaire, le frontispice a été remplacé par une série de belles planches en chromolithographie donnant les armoiries et les devises des grandes familles de France.

4167. Milton. Le Paradis perdu ; édition en anglais et en français. (Traduction de Dupré de Saint-Maur). *Paris, Defer de Maisonneuve,* 1792 ; 2 vol. in-4, fig., veau marbr., dos orn., tr. dor. (*Rel. anc.*).   200 fr.

> Exemplaire en papier vélin, avec les douze figures en couleur de *Schall,* AVANT LA LETTRE.

4168. Mirabeau. Élégies de Tibulle par Mirabeau. *Paris,* 1798 ; 3 vol. in-8, demi-rel. veau fauve, *non rognés.*   18 fr.

> 14 figures dessinées par *Borel,* gravées par *Eluin.*

4169. Mirabeau (Honoré-Gabriel de Riquetti de). Œuvres, précédées d'une notice sur sa vie et ses ouvrages, par M. Mérilhou. *Paris, Dupont,* 1825-1827 ; 9 vol. in-8, port., demi-rel. bas., *non roy.* 50 fr.

4170. Molé. Mémoires de Mathieu Molé, garde des sceaux de France, publiés par Aimé Champollion-Figeac. *Paris, Renouard,* 1855-1857 ; 4 vol. in-8, br.   20 fr.

> De la collection de la *Société de l'histoire de France.*

4171. Molière. Œuvres de Molière. Nouvelle édition. *A Paris (Prault),* 1734 ; 6 vol. in-4, veau. (*Rel. fatiguée*).   250 fr.

> Bel exemplaire, orné du portrait de Molière par *Coypel* et de 33 figures par *Boucher* avec nombreuses vignettes et culs-de-lampe.

4172. Molière. Œuvres, précédées d'une notice sur sa vie et ses ouvrages par M. Sainte-Beuve. *Paris, Dubochet,* 1844 ; gr. in-8, demi-rel. dos et coins de chagrin rouge, tête dor., *non rogné.*   15 fr.

> Portrait et vignettes par *Tony Johannot.*

4173. Molière. Théâtre de J.-B. Poquelin de Molière, publié par D. Jouaust, préface par M. D. Nisard. Dessins de Louis Leloir, gravés à l'eau-forte par Flameng. *Paris,*

Libr. des bibliophiles, 1876-1883 ; 8 vol. in-8, portr. et fig., br. 150 fr.
PAPIER VERGÉ DE HOLLANDE.

4174. Molière. Trente-cinq eaux-fortes d'après Boucher, gravées par Boilvin, Courtry, Rajon, Milius, Le Rat, etc. *Paris, Lemerre ;* in-8, *en feuilles* dans un carton.   40 fr.

Exemplaire sur papier de Chine, AVANT LA LETTRE, publié à 100 francs.

4175. Monde dramatique (le). Histoire des spectacles. *Paris,* 1832-1839 ; 8 vol. in-8, fig., demi-rel. veau bleu,   100 fr.

Recueil orné de figures à l'eau-forte et en lithographie des principaux dessinateurs romantiques : *Nanteuil, Girodet, Johannot,* etc.
Série I, 7 vol. — Série II, 1ᵉʳ vol.

4176. Monselet (Charles). Portraits après décès, avec lettres inédites et fac-simile. *Paris, A. Faure,* 1866 ; in-18, demi-rel. chagrin rouge. 3 fr. 50

4177. Montaigne. Les Essais de Michel, seigneur de Montaigne. Edition nouvelle, corrigée et augmentée d'un tiers outre les premiers impressions : plus la vie de l'Autheur, extraicte de ses propres escrits. *Paris, Robinot,* 1625 ; in-4, vélin blanc à recouv.   25 fr.

4178. Montalembert. Sainte Élisabeth de Hongrie. Avec une préface de Léon Gautier. *Tours, Alfr. Mame,* 1879 ; in-4, demi-rel. chagr. rouge.   18 fr.

8 chromolithographies, 728 gravures et 130 vignettes.

4179. Montesquieu. Le Temple de Gnide, suivi d'Arsace et Isménie. Nouvelle édition avec figures d'Eisen et de Le Barbier, gravées par Le Mire, préface par O. Uzanne. *Paris, Lemonnyer,* 1881 ; gr. in-8, br.   10 fr.

Publié à 30 fr.

4180. Montesquiou-Fezensac (Robert de). Le Chef des Odeurs suaves. *Paris,* 1893 ; in-4, br. 25 fr.

Ouvrage tiré à 200 exemplaires sur le PAPIER DE HOLLANDE.

4181. Montifaud (Marc de). Racine et La Voisin. *Paris,* 1878; in-8. 4 fr.

Tirage à 100 exemplaires numérotés sur PAPIER DE HOLLANDE.
Portrait de La Voisin, gravé à l'eau-forte par *Hanriot.*

4182. Montorgueil (Georges). Les Trois Apprentifs de la Rue de La Lune. Illustrations dans le texte par Louis Le Révérend et Paul Steck. Aquarelles hors texte de Ed. Loevy. *Paris, May et Motteroz, s. d.;* in-4, couv. illust., br.   10 fr.

4183. Morand (Sauveur-Jérôme). Histoire de la Sᵗᵉ-Chapelle royale du Palais, enrichie de planches ; par M. Sauveur-Jérôme Morand, chanoine de ladite église. *Paris, Clousier et Prault,* 1790 ; in-4, cart., *non rogné.*   20 fr.

Exemplaire en GRAND PAPIER, orné de planches en taille-douce.

4184. Morel de Vindé. Primerose. *Paris, impr. de P. Didot l'aîné (Bleuet),* 1798 ; pet. in-12, demi-rel. veau.   15 fr.

Frontispice et 5 charmantes figures gravées par *Godefroy* d'après *Le Febvre.*

4185. Motley (J.-L.). La Révolution des Pays-Bas, au XVIᵉ siècle, traduit de l'anglais par G. Jottrand et Alb. Lacroix. *Bruxelles,* 1859-1860 ; 4 vol. in-8, demi-rel. chag. rouge. 10 fr.

4186. Murr (Christophe-Théophile de). Description du cabinet de Monsieur Paul de Praun à Nuremberg. *Nuremberg, J.-Th. Schneider,* 1797; in-8, basane.   10 fr.

Portrait et 6 planches gravés en taille-douce.
Catalogue d'une belle collection du XVIᵉ siècle de tableaux, de dessins, d'estampes, de pierres gravées, de médailles et de livres.

4187. Musée de Versailles, avec un texte historique, par M. Théodose Burette. *Paris, Furne,* 1844; 3 vol. in-4, demi-rel. chagr. vert, dos orné.   45 fr.

Bel exemplaire grand de marges, renfermant un grand nombre de planches gravées sur acier.

4188. Musset (Alfred de). La Mouche. Illustré de trente compositions, par Ad. Lalauze. Préface par Philippe Gille. *Paris, Ferroud,* 1892; gr. in-8, br.   90 fr.

Exemplaire sur GRAND PAPIER VÉLIN D'ARCHES, contenant la double suite des figures de *Lalauze,* avec remarques d'artistes.

4189. Musset (Alfred de). Eaux-fortes pour illustrer les Œuvres de Alfred de Musset, dessins de

Et de Livres anciens et modernes

Henri Pille, gravés par Louis Monziès. *Paris, Lemerre*, 1878 ; *en feuilles* et en cartons.   40 fr.

42 figures sur papier de *Chine*.

4190 **Mutrécy** (Ch. de). Journal de la campagne de Chine. *Paris*, 1861 ; 2 vol. in-8. demi-rel. chagr. rouge, tête dor.   6 fr.

Reliure fatiguée.

4191. **Nadal**. Œuvres mêlées. de Monsieur l'abbé Nadal. 2 vola — Théâtre de Monsieur l'abbé Nadal. *Paris, Briasson*, 1838 ; 1 vol., fig. Ens. 3 vol. in-12, veau fauve, dos orné, fil., tr. dor.   20 fr.

Bel exemplaire provenant de la bibliothèque du comte de LA BEDOYÈRE.

4192. **Nadaud** (G.). Recueil de chansons. *Paris, Garnier*, 1849 ; in-12, br. couv.   10 fr.

Très rare.

4193. **Merciat**. Contes nouveaux. *Liège*, 1777 ; in-8, cart., *non rogné*.   30 fr.

Epître dédicatoire au prince Ligne. — La Veillée des procureurs. — Le Jeu de l'hymen. — La Rancune posthume. — Les Amours modernes. — Le Superflu du régime. — La Duchesse. — Les Preuves sans réplique. — L'Ame en peine, etc. Très rare.

4194. **Niedermeyer**. Vie d'un compositeur moderne (1802-1861). Avec une introduction par C. Saint-Saëns. *Paris, Fisbacher*, 1893 ; pet. in-4 carré, br.   8 fr.

Biographie du maestro Louis Niedermeyer écrite par son fils, illustrée de plusieurs planches en héliogravure : portraits, scènes d'opéras, fac-simile de musique, etc. — Envoi d'auteur.

4195. **Nisard** (Désiré). Études de mœurs et de critique sur les poètes latins de la décadence. *Paris, Hachette*, 1849 ; 2 vol. in-8, demi-rel., dos et coins de veau fauve, tr. marbr.   8 fr.

4196. — Description raisonnée d'une jolie collection de livres nouveaux melanges tirés d'une petite bibliothèque. *Paris, Techener*, 1844 ; gr. in 8, demi-rel., dos et coins de chagrin vert, dos orné, tête dor., éb. (*Capé*).   50 fr.

Bel exemplaire en GRAND PAPIER, avec la table des auteurs et la liste des prix d'adjudication.

4197. **Nodier** (Ch.). Lord Ruthwen ou les vampires, roman de C. B.

(Cyprien Bérard), publié par l'auteur de *Jean Sbogar* et de *Thérèse Aubert* (Ch. Nodier). *Paris, Ladvocat*, 1820 ; 2 vol. in-12, demi-rel. veau.   6 fr.

4198. **Nolhac** (Pierre de). La Dauphine Marie-Antoinette. *Paris, Boussod, Valadon et Cie*, 1896 ; in-4, br. couv.   180 fr.

29 illustrations sur cuivre, d'après les originaux contemporains, parmi lesquels on remarque le beau portrait de Marie-Antoinette, dauphine, reproduit au lavis en couleurs d'après *Drouais*. Ouvrage épuisé.

4199. **Note secrète** exposant les prétextes et le but de la dernière conspiration (par E.-F.-A. Arnaud, Bon de Vitrolles). Seconde édition. *Paris, Foulon* ; 1818 ; in-8, demi-mar. grenat, tête dor. *non rogné (Loisellier)*.   8 fr.

4200. **Nouveau Diable** (Le) boiteux, ou tableau philosophique et moral de Paris ; mémoires mis en lumière et enrichis de notes, par le docteur Dicaculus de Louvain (Publicola Chaussard). *Paris, F. Buisson, an VII* (1799) ; 2 vol. in-8, demi-rel. basane.   10 fr.

Deux jolis frontispices de *Garnerey*, gravés par *Delignon* et *Baquoy*.

4201. **Nouveau** Recueil de divers rondeaux (par Voiture, Boisrobert, Malleville, Hubert). *Paris, Aug. Courbé*, 1650 ; 2 tomes en un vol. pet. in-12, front., veau fauve, dos orné, fil., tr. dor. (*Koehler*) 25 fr.

Rare recueil publié par l'abbé Cotin, et orné de 2 frontispices par *Daret*.

4202. **Nus** et **Méray**. Les Papillons. Métamorphoses terrestres des peuples de l'air par Amédée Varin. *Paris, Martinon et De Gonet*, s. d.; 2 vol. gr. in-8, cart., *non rogné*.   35 fr.

Bel exemplaire orné de 34 planches coloriées, gravées sur bois. Cartonnage ill. de l'éditeur.

4203. **Ohnet** (Georges). Serge Panine. *Paris, Ollendorff*, 1890 ; in-8, br.   10 fr.

Dix jolies eaux-fortes par *Ad. Lalauze*.

4204. **O'Neddy** (Théophile Dondey, Philothée). Œuvres en prose. Romans et contes, critiques théâtrale, lettres *Paris, Charpentier*, 1878 ;

Achat de Bibliothèques

in-18, demi-rel. dos et coins de mar. bleu, tête dor., *non rogné* (*Féchoz*).   7 fr.

L'un des 30 exemplaires sur PAPIER DE HOLLANDE, avec portrait de l'auteur.

4205. Ordonnances de Louis XIV, roy de France et de Navarre, données à Saint-Germain-en-Laye. *Paris*, 1667-1669 ; in-4, veau. 8 fr.

20 pièces. Piqûres de vers dans la marge du fond.

4206. Pairault (A.). Nouveau Dictionnaire des Chasses, Vocabulaire complet des termes de chasses anciennes et modernes. *Paris, Pairault*, 1885 ; in-8, fig., demi-cart., *non rogné*.   15 fr.

Nombreuses illustrations. Couverture illustrée conservée.

4207. Palais (Le) de Scaurus, ou description d'une maison romaine, fragment d'un voyage fait à Rome vers la fin de la République, par Mérovic, prince des Suèves (composé par François Mazois, architecte). *Paris, impr. de Firmin Didot*, 1822 ; in-4, demi-rel. chag.   9 fr.

Texte in-8 tiré in-4 orné de 12 planches en taille-douce.

4208. Panier (le) de fruits ou descriptions botaniques et notices historiques des principaux fruits cultivés en France ; suivies de différens morceaux de littérature et de morale (par François Jauffret.) *Paris, Perlet*, 1807 ; in-8, basane. 10 fr.

24 planches coloriées.

4209. Paradoxes, ce sont propos contre la commune opinion débatus en forme de déclamations forenses : pour exciter les jeunes esprits en causes difficiles. *Paris, Charles Estienne* 1553 ; pet. in-8 de 158 pp., cart.   20 fr.

Ces paradoxes, au nombre de 25, sont une imitation de ceux d'Ortensio Landi.

4210. Paris. Topographia Galliæ. *A Amsterdam, V. Jost Broersz*, 1660 ; pet. in-fol., demi-rel. veau brun, dos orné.   120 fr.

Extrait de l'ouvrage de Martin Zeiller, contenant un frontispice, une carte du diocèse de Paris, une carte du gouvernement général de l'Isle de France et pays circonvoisins, 3 plans de Paris et 71 planches de monuments publics, civils et religieux, hôtels, belles maisons de Paris, et de ses environs, avec 5 ff. de table (texte hollandais).

Bel exemplaire dont toutes les planches sont montées sur onglets.

4211. Paris, ou le livre des cent-et-un. *Paris, Ladvocat*, 1831-1834 ; 14 tomes en 8 vol. in-8, demi-rel. veau.   30 fr.

Ouvrage des plus intéressant pour l'histoire de Paris. On y trouve des articles par Sainte-Beuve, Alex. Dumas, Nodier, J. Janin, Sophie Gay, Marrast, etc.

Le 15e vol. manque, la reliure n'est pas uniforme et 2 vol. sont mouillés.

4212. Paris. Vues de Paris. Album de photographies. *S. l. n. d.* ; gr. in-4, demi-rel. chagr. vert, plats toile.   20 fr.

35 photographies montées sur bristol donnant les vues de Notre-Dame, Tour Saint-Jacques, Bourse, Panthéon, Sainte-Chapelle, Louvre, Tuileries, etc.

4213. Paris révolutionnaire. *Paris, Guillaumin*, 1833-1834 ; 4 vol. in-8, demi-veau violet, dos ornés. (*Rel. de l'époque*).   30 fr.

Intéressant recueil publié par les célébrités de l'époque, tel es que : G. Cavaignac, Étienne et Jacque Arago, Raspail, H. Auger, M. Alhoy, J.-P. Veyrat, Cormenin, B. Hauréau, Eug. Briffault, Louis Desnoyers, E. Duchâtelet, A. Marrast, Henri Martin, Lurine, Trélat, Pance, etc., etc.

4214. Paris (Paulin). Les Manuscrits français de la bibliothèque du Roi, leur histoire et celle des textes allemands, anglais, hollandais, italiens, espagnols, de la même collection. *Paris, Techener*, 1836-1845 ; 6 vol. in-8, demi-rel. veau vert.   25 fr.

Les notes qui accompagnent chaque article sont de la plus haute importance pour l'historique de chacun des manuscrits que renferme notre grand établissement littéraire. Envoi autographe de l'auteur.

4215. Pascal. Œuvres. *Paris, Lefèvre*, 1819 ; 5 vol. in-8, portr., demi rel. veau. dos orné.   12 fr.

4216. Pasquier (Estienne). Les Jeux poétiques. — La Puce ou Jeux poétiques françois latins, composez sur la Puce aux Grands Jours de Poitiers l'an M.D.LXXIX. dont Pasquier feut le premier motif. — La Main ou œuvres poétiques faits sur la Main d'E. Pasquier aux Grands Jours de Troye, 1583. *Paris, Jean Petit-Pas*, 1610 ; pet. in-8, 1 portr., veau.   20 fr.

4217. Peignot. Prédicatoriana ou révélations singulières et amusantes sur les prédicateurs ; entremêlés d'extraits piquants des sermons bizarres, burlesques et facétieux, prêchés tant en France qu'à l'étranger, notamment dans les XVe, XVIe et XVIIe siècles ; suivies de quelques mélanges curieux, avec notes et table, par G.-P. Philomneste. *Dijon, Lagier*, 1841 ; in-8, demi-rel. dos et coins de mar. brun, tête dor., *non rogné*. 10 fr.

4218. **Peladan** (Joséphin). Œuvres. *Paris, Dentu*, 1889-1892 ; 6 vol. in-18, cart., *non rognés*. 20 fr.

> La Victoire du mari. — Cœur en peine. — Gynandre. — Androgyne. — Typhonia. — Le Panthée.

4219. **Pellico** (Silvio). Mes Prisons. Suivies du Discours sur les Devoirs des Hommes. Traduction de M. Ant. de Latour, avec des chapitres inédits, les additions de Maroncelli et des notices littéraires ou biographiques. *Paris, Charpentier*, 1843 ; gr. in-8, demi-rel. chagr. brun, éb., *non rogné*. 12 fr.

> Belle édition, illustrée par *Tony Johannot* de 100 dessins gravés sur bois. Frontispice sur Chine.

4220. **Petits Conteurs du XVIII**e **siècle.** Publiés avec Notices bio-bibliographiques par Octave Uzanne. *Paris, Quantin*, 1878-1882 ; 12 vol. in-8, br., *et 12 cartons d'eaux-fortes.* 74 fr.

> Cette collection comprend : Les Contes de Voisenon, de Boufflers, de Crébillon fils, de Moncrif, de la Morlière, de Pinot-Duclos, de Cazotte, de Restif de la Bretonne, de Besenval, de Fromaget, de Godard d'Aucour, et les Facéties du comte de Caylus. Chaque carton contient un frontispice allégorique et cinq sujets par *Poirson, Dubouchet, Millius, P. Avril.*

4221. **Philidor** (A.-D.). Analyse du jeu des Echecs, avec une nouvelle notation abrégée et des planches où se trouve figurée la situation du jeu. *Paris, Amand Koenig*, 1812 ; in-12, br. 4 fr.

4222. **Philosophe** (le) indien, ou l'art de vivre heureux dans la société, renfermés dans un petit nombre de préceptes les plus épurés de la morale. *Amsterdam, Van Harrevelt*, 1760 ; pet. in-12, demi-rel. veau rouge. 12 fr.

> Cet ouvrage de Dodsley a eu plusieurs titres : L'Elixir de Morale (*Paris*, 1760) ;

Le Bramine inspiré (*Berlin*, 1751) ; L'Economie de la vie humaine (*Falaise*, 1802), etc. — Exemplaire de la bibliothèque d'Arthur DINAUX.

4223. **Pièces diverses**, contenant Eglogues, Elégies, Stances, Madrigaux, Chansons, Epigrammes. Traductions d'Horace et autres pièces. *Paris, Cl. Barbin*, 1668 ; 2 parties en un vol. in-12, mar. rouge jans., tr. dor. 25 fr.

4224. **Pillet** (le général). L'Angleterre vue à Londres et dans ses provinces, pendant un séjour de dix années, dont six comme prisonnier de guerre. *Paris, Alexis Eymery*, 1815 ; d.-rel. veau. 4 fr.

4225. **Pinelli** (Bartolomeo). Nuova raccolta di cinquanta motivi pittoreschi e costumi, incisi all' acqua forte da Bartolomeo Pinelli Romano. *In Roma, Lorenzo Lazzari*, 1810 ; in-8, bas. 25 fr.

> Scènes populaires romaines au début du XIX• siècle.

4226. **Pitre-Chevaller.** La Bretagne ancienne et moderne. *Paris, Coquebert, s. d.* (1844) ; in-4, demi-rel. mar. bleu avec coins, dos orné, fil., tête dor., éb. (*Brany*). 40 fr.

> Illustrations en noir et en couleur par *Leleux, Penguilly* et *Tony Johannot.* Bel exemplaire de l'ÉDITION ORIGINALE.

4227. **Plumier** (Charles). L'Art de tourner ou de faire en perfection toutes sortes d'ouvrages au tour. Composé en français et en latin. *Lyon, J. Certe*, 1701 ; pet. in-fol., veau. 40 fr.

> Frontispice et 72 planches.

4228. **Plutarque.** Œuvres complètes, traduites du grec par Jacques Amyot. Avec des notes et des observations de M. l'abbé Brotier (et Vauvilliers). *Paris, Cussac*, 1783-1805 ; 25 vol. in-8, mar. rouge à longs grains, doubl. de tabis vert, dos ornés, encad. de fil., tr. dor. (*Rel. anc.*). 150 fr.

> 22 figures AVANT LA LETTRE par *Borel, Fraine, Le Barbier, Marchand, Maréchal, Marillier, Monnet, Moreau et Myris* gravées par *Baquoy, Chateau, Halbou, Levillain, de Longueil, Néc, Puthas* et *Ponce.*

4229. **Poèmes et Ballades du temps passé.** Jehan de Meung, Christine de Pisan, Charles d'Orléans, Villon, Ronsard, J. du Bellay, Plantin, R. Belleau , Louis Labé, Marie Stuart, etc. Préface de Jules de Marthold. *Paris, Charles Meunier*, 1902 ; in-4, veau racine, *non rogné*, couv. cons. 450 fr.

Magnifique publication artistique dont chaque poème est illustré d'une eau-forte de *Robida* et d'un cul-de-lampe gravé sur bois par *Pierre Gusman*.

Cet ouvrage a été tiré à 115 exemplaires, un des 100 sur VÉLIN DE CUVE contenant, tirées à part, 2 états sur CHINE noir et bistre, des 50 eaux-fortes et une suite à part sur CHINE, des culs-de-lampe et un DESSIN ORIGINAL de *Robida*.

Texte encadré d'un filet rouge.

4230. Poésies des XVe et XVIe siècles publiées d'après des éditions gothiques et des manuscrits. *Paris, Silvestre (imprim. de Crapelet)*, 1830-31 ; in-8 , demi-rel. dos et coins de mar. La Vall. foncé, tête dor., non rog. 25 fr.

Ce volume contient les poésies suivantes, savoir : Le Caquet des bonnes chambrières. — Le Casteau d'Amours (par P. Gringore). — Le Débat de l'hiver et de l'été, avec l'état présent de l'homme, et plusieurs autres joyeusetés. — Le Débat du vieux et du jeune. — La Réformation sur les Dames de Paris, faites par les Lyonnoises. — Réponse et réplique des Dames de Paris, contre celles de Lyon. — Déploration de Robin. — La Complainte de la Grosse Cloche de Troyes en Champagne (par Nicolas Mauroy). — Le Songe doré de la Pucelle. — La Farce du Meunier de qui le diable emporte l'Ame en Enfer, composée par N. de La Vigne, et jouée publiquement en la ville de Seurre, en Bourgogne, l'an 1496. — Les Souhaits du monde. — Moralité de l'Aveugle et du Boiteux, par André de La Vigne.

4231. Poésies diverses. *Leyde, Irameniotena (Nantes, Antoine Marié)*, 1749 ; in-12, veau fauve, dos orné, dent., tr. dor. (*Rel. anc.*). 10 fr.

Ce recueil est dû à un avocat nantais, Séraphique-François Bertrand.
ÉDITION ORIGINALE.

4232. Poètes français (les), recueil des chefs-d'œuvre de la poésie française depuis les origines jusqu'à nos jours, avec une notice littéraire sur chaque poète. Précédé d'une introduction par M. Sainte-Beuve. Publié sous la direction de M. Eugène Crépet. *Paris, Gide*, 1861-1862 ; 4 vol. in-8, demi-rel. veau fauve. 35 fr.

4233. Polymachie (La) des marmitons , ou la Gendarmerie du pape. En laquelle est amplement décrite l'ordre que le Pape veut tenir en l'armée qu'il veut mettre sus pour l'eslevement de sa marmite. *Lyon, Jean Saugrain*, 1563 ; in-8 de 10 ff. demi-rel. mar. rouge avec coins , tête dor. non rog. (*David*). 5 fr.

Réimpression de cette satire en vers à petit nombre, faite à *Strasbourg* en 1851.

4234. Pothey. La Muette. Illustrée par Daumier, Henry Monnier, Bin, Bachelin , Dansært , Blanc-Fontaine, Le Pipre, Berthon, Schneider, Deloye, Cremer, Talée ; gravure de Gillot et Comte, fac-similé de Cuisinier, charmante brochure in-8, sur beau papier vélin, demi-mar. rouge, tête dor., *non rogné*. 3 fr.

Il ne s'agit pas ici, comme on pourrait le penser tout d'abord, du fameux château de la Muette. La Muette est une société secrète imaginaire. Pour mieux dire, c'est une fantaisie spirituelle, dans laquelle un personnage pusillanime et sinistre voit partout des conspirateurs. Mais ce qui n'est pas moins marqué au coin de l'esprit et de l'humour, ce sont les dessins des maitres qui ont illustré la curieuse brochure.

4235. Poulet-Malassis. Les ex-libris français depuis leur origine jusqu'à nos jours. *Paris, Rouquette*, 1875 ; gr. in-8, fig., dos et coins de mar. La Val., dos orné, fil., tête dor., *non rogné* (*Raparlier*). 50 fr.

Illustré de 24 planches. PAPIER VERGÉ.

4236. Prévost (Camille). Théorie pratique de l'Escrime, avec une préface et notice par Ernest Legouvé. *Paris, de Brunhoff*, 1866 ; gr. in-8, br. 5 fr.

Vignettes de *Bourgoin*.

4237. Prudhomme (L'). Histoire générale des crimes commis pendant la Révolution française sous les quatre législatures, et particulièrement sous le règne de la Convention nationale. — Dictionnaire des individus envoyés à la mort judiciairement , révolutionnairement et contre-révolutionnairement pendant la Révolution. *Paris, 1796,* 2 vol. — Histoire générale et impartiale des erreurs, des fautes et des crimes commis pendant la Révolution française. Assemblée Constituante , 1 vol. Assemblée législative, 1 vol. — Convention nationale, 2 vol. *Paris, 1797.* Ensemble 6 vol. in-8, demi-veau, dos orn., tr. marbr.   50 fr.

Illustré de 6 figures gravées et de 7 tableaux.

4238. Quinze (Les) joyes du mariage. Ouvrage très ancien (attribué à de La Salle et mis en lumière par Rosset), auquel on a joint le Blason des fausses amours (par Guillaume Alexis), le Loyer des folles amonrs et le triomphe des Muses contre Amour. Le tout enrichi deremarques (par Le Duchat). *La Haye, Rogissart*, 1734 ; in-12, veau.   15 fr.

4239. Rabaut et **Lacretelle**. Précis historique de la Révolution française. *Paris, Treuttel et Würtz*, 1804-1807 ; 6 vol. in-12, veau marbré, dos orné (*Rel. anc.*). 25 fr.

Jolies figures de *Moreau le jeune* et de *Duplessi-Bertaux*.

4240. Rabelais. La Chronique de Garguantua, premier texte du roman de Rabelais, précédé d'une notice par M. Paul Lacroix. *Paris, Jouaust*, 1868. — La seconde Chronique de Gargantua et de Pantagruel, publ. par P. Lacroix. *Paris, Jouaust*, 1872. Ens. 2 vol. in-12, mar. rouge, dos orné, fil., tête dor., éb. (*Courmont*).   35 fr.

Exemplaire sur PAPIER DE CHINE (tiré à 15).

4241. Rabelais. Les Œuvres, augmentées de la vie de l'auteur et de quelques remarques sur sa vie et sur l'histoire, avec la clef et l'explication de tous les mots difficiles. *S. l.*, 1659 (*sic* pour 1669); 2 vol. pet. in-12, chagr. bleu. fil. à froid, tr. dor. (*Vve Niedrée*). 50 fr.

Jolie édition, contrefaçon de l'elzévirienne de 1663, dont elle reproduit le texte page pour page et presque ligne pour ligne. — Raccommodage au titre du tome II.

4242. Rabelais. Les Songes drôlatiques de Pantagruel, où sont contenues plusieurs figures de l'invention de maistre François Rabelais, avec une introduction et des remarques par M. E. T. (Edwin Tross). *Paris, Tross*, 1869; pet. in-8, br.   10 fr.

PAPIER DE CHINE.

4243. Rabelli. Mascarades monastiques et religieuses de toutes les nations du globe, représentées par des figures coloriées dans la plus exacte vérité, avec l'abrégé historique, chronologique et critique de chaque ordre, enrichi de notes sur l'origne de toutes ces pieuses folies par Giacomo Carlo Rabelli. *A Paris, l'an 1er de la République française*, 1792, *imprimé l'an II* ; in-8, demi-rel., dos et coins de mar. vert, dos orné, tête dor., *non rogné*.   45 fr.

Ouvrage illustré de 26 figures coloriées. Le nom véritable de l'auteur est Jacques Bar, auteur d'un ouvrage ayant le même sujet, mais traité dans un tout autre ordre d'esprit.
Bel exemplaire.

4244. Racine. Esther, tragédie tirée de l'Ecriture sainte. *Paris, Denys Thierry*, 1689 ; in-12 front., veau (*Rel. anc.*).   150 fr.

ÉDITION ORIGINALE. Haut. 159 mill.

4245. Racine (Jean). Œuvres, avec des commentaires par M. Luneau de Boisjermain. *Paris, impr. de Louis Cellet*, 1768; 7 vol. in-8, veau granit, dos orné d'attributs, fil., tr. dor. (*Rel. anc.*).   50 fr.

Portrait d'après *Santerre*, et 12 figures de *Gravelot*, gravées par *Duclos, Flipart, Lemire, Levasseur, Née, Simonet*, etc.

4246. Racine. Théâtre. *Tours, Alfred Mame*, 1876-1877 ; 2 vol. gr. in-8, br.   30 fr.

Ouvrage orné d'un portrait de Racine et de 46 charmantes vignettes en-têtes, gravées à l'eau-forte par *V. Foulquier*, d'après les compositions de *Barrias*, et de *V. Foulquier* lui-même.

4247. Racinet (Charles). De la Revendication des livres, estampes et autographes appartenant à la bibliothèque impériale et à la bibliothèque Sainte-Geneviève. — Le Breviarum romanum sur vélin de Nicolas Jenson appartenant à la bibliothèque Sainte-Geneviève. *Paris*, 1858 ; 2 tomes en un vol. in-8, demi-rel. chagrin rouge, *non rog.* 6 fr.

4248. Ragon (J.-M.). Orthodoxie maçonnique, suivie de la maçonnerie occulte et de l'imitation hermétique. *Paris, Dentu*, 1853 ; in-8, demi-chagr. brun.   10 fr.

La fort rare « Orthodoxie maçonnique » de Ragon est certainement l'ouvrage le

Achat de Bibliothèques

plus complet sur la matière et contient en outre de nombreux chapitres sur St Martin le Philosophe Inconnu, Swedenborg, les Illuminés, les Templiers, les différents écrivains de la Franc-Maçonnerie, la Rose-Croix, le magnétisme, le somnambulisme, les oracles, la phrénologie, la Kabbale, Kircher, Hermès, Roger Bacon, etc.

4249. Ramée (Daniel). Histoire générale de l'architecture. *Paris, Amyot*, 1860 ; 2 vol. in-8, demi-rel. veau fauve. 15 fr.

Figures dans le texte.

4250. Rapinéide (La) ou l'atelier, poème burlexo-comico-tragique en 7 chants par un ancien rapin (Lenoble). *Paris, Barraud*, 1870 ; pet. in-8, demi-rel. dos et coins de mar. rouge, tr. dor. 5 fr.

Eaux-fortes.

4251. Recueil (Nouveau) de comptes de l'argenterie des rois de France, publiée par L. Douët d'Arcq. *Paris, Loones*, 1874 ; in-8, br. 4 fr. 50

De la collection de la Société de l'histoire de France.

4252. Recueil général des Caquets de l'Accouchée, ou discours facecieux, où se voient les mœurs, actions, et façons de faire des grands et petits de ce siècle. *Imprimé au temps de ne plus se fascher*, 1625 (*Metz, Nouvian*, 1846); pet. in-8 carré, chagrin rouge, dos orné, dent., tr. dor. 40 fr.

Reimpression tirée à 76 exemplaires sur PAPIER VERGÉ; provenant de la bibliothèque d'Arthur DINAUX.

4253. Recueil de pièces rares et facétieuses anciennes et modernes en vers et en prose, remises en lumière pour l'esbattement des pantagruelistes avec le concours d'un bibliophile. *Paris, Barraud*, 1872 ; 4 vol. in-8, fig., dem.-mar La Vallière avec coins, tête dor., n. rog., dos orné. (*Allô*). 40 fr.

Ce recueil, devenu rare, n'a été tiré qu'à 30 exemplaires. Très bel exemplaire orné de 107 vignettes sur bois dans le texte et hors texte, 13 eaux-fortes tirées à part, et lettres ornées.

4254. Recueil de Pierres gravées antiques (par Levesque de Gravelle). *Paris, Mariette*, 1732-1737 ; 2 tomes en un vol. in-4, veau fauve, dos orné, tr. rouge. (*Rel. anc.*). 40 fr.

2 frontispices et 205 planches gravés à l'eau-forte par *Levesque de Gravelle*, dont le monogramme se voit sur chacune des planches.

4255. Réflexions sur la force des préjugés. — Les Pensées de L. D. M. sur le nombre des éleus. *Londres*, 1680. Ens. 2 parties de 68 et 98 pp. en un vol. in-24, mar. vert, dos orné, fil., tr. dor. (*Derome*).25 fr.

Ces deux rares petits ouvrages sont de l'écrivain protestant Louis Du Moulin, fils de Pierre, auteur de l'Anatomie de la Messe.

4256. Reinach (Joseph). Histoire de l'affaire Dreyfus. Le Procès de 1894. *Paris*, 1901 ; in-8, demi-chag. brun, *non rogné*, couv. cons. 6 fr.

4257. Reume (A. de). Recherches historiques, généalogiques et bibliographiques sur les Elsevier. *Bruxelles*, 1847 ; in-8, portr., demi-rel. veau fauve. 4 fr.

4258. Réveil (le) de Chyndonax, prince des Vacies, druydes celtiques dijonois, avec la saincteté, religion et diversité des cérémonies observées aux anciennes sépultures, par J. G. D. M. D. (Jean Guénébaud). *Dijon, Cl. Guyot*, 1621 ; in-4, pl. mar. rouge, dos orné, fil., tr. dor. (*Rel. anc.*). 80 fr.

Ouvrage rare et curieux.
Exemplaire contenant la planche représentant le tombeau et l'urne.

4259. Reybaud (Louis). Jérôme Paturot à la recherche d'une position sociale. Edition illustrée par J.-J. Granville. *Paris, Dubochet, Le Chevalier*, 1846 ; in-8, cart. toile de l'éditeur, éb. 85 fr.

PREMIÈRE ÉDITION, illustrée de nombreuses gravures sur bois, dont 32 tirées à part.

4260. Richer. Histoire de son temps. Traduction française par J. Guadet. *Paris, Renouard*, 1845 ; 2 vol. in-8, cart. 12 fr.

Texte latin en regard de la traduction. De la collection de la Société de l'histoire de France.

4261. Risées (les) de Pasquin, ou l'Histoire de ce qui s'est passé à Rome entre le Pape et la France dans l'ambassade de M. de Créqui; avec autres entretiens curieux touchant les plus secrètes affaires de plusieurs cours de l'Europe. *Cologne*, 1674 ; 2 parties en 1 vol. in-12, chagr. viol., fil., tr. dor. 12 fr.

93 pages pour la première pièce et 284 pages pour les *Entretiens*, plus une page qui donne la clef de cette dernière pièce.

Et de Livres anciens et modernes

4262. **Rœderer** (P.-L.). Mémoires pour servir à l'histoire de la Société polie en France. *Paris, Firmin Didot*, 1835 ; in-8, perc., *non rogné.*   30 fr.

Ouvrage rare.

4263. **Roger**. La Noblesse de France aux Croisades. *Paris, Derache et Dumoulin*, 1845 ; in-4, pl. tirées sur papier de Chine, demi-rel. mar. bleu, tr. jasp.   12 fr.

4264. **Rollin et Crevier**. Histoire romaine depuis la fondation de Rome jusqu'à la bataille d'Actium. *Paris, Vve Estienne*, 1748 ; 16 vol. in-12, mar. rouge, dos orné, fil., tr. dor.   450 fr.

Bel exemplaire au chiffre et aux armes de Louis XV.

4265. **Rosario** della Sac^ma Vergine Maria, con li Miracoli fatti per virtu del Rosario, Brevi Bolle et Indulgenze. *In Venetia, MDLXXXVII appresso Bernaado Giunti*, 3 parties en un vol. pet. in-4, mar. bleu jans., dent. int., tr. dor. *(Petit)*.70fr.

Bel exemplaire orné d'un frontispice gravé et de 23 figures (une est répétée) par *Giacomo Franco*, gravées sur cuivre. Sur le titre de la partie traitant des Indulgences se trouve aussi une jolie vignette. Le frontispice est légèrement plus court en tête.

4266. **Roswag**. L'Argent et l'Or. Production, consommation et circulation des métaux précieux. *Paris, Dunod*, 1889-1890 ; 2 vol. in-8, br.   25 fr.

Cartes, vignettes et diagrammes. Ouvrage publié à 50 fr. Envoi d'auteur.

4267. **Rousset**. Mémoires sur le rang et la préséance entre les souverains de l'Europe et entre leurs ministres représentans, suivans leurs différens caractères, pour servir de supplement à l'ambassadeur et ses fonctions, par M. de Wicquefort. *Amsterdam, François l'Honoré*, 1746 ; in-4, vélin blanc, *non rogné.*   9 fr.

4268. **Ruses innocentes** (les) dans lesquelles se voit comment on prend les Oyseaux passagers, et les non passagers : et de plusieurs sortes de bêtes à quatre pieds. Avec les plus beaux secrets de la pêche dans les rivières et dans les estangs. Le tout divisé en cinq livres, avec les figures. Par le F. F. F. R. D. G. (le frère François Fortin, religieux de Grandmont), dit le Solitaire inventif. *Paris, Ch. de Sercy*, 1688; gr. in-4, pl., veau.   60 fr.

Bonne édition.

4269. **Sadeler**. Les Pères du Désert. *Paris, Daumont et Mariette*, in-4 obl., demi-rel. chagr. rouge.   40 fr.

Recueil de 99 planches sur cuivre, représentant les hermites hommes et femmes les plus célèbres dans l'histoire religieuse. Légères mouillures.

4270. **Sagettes** (Les) et Ruses d'amour, discours où est montré le vrai moyen de faire les approches, et entrer aux plus fortes places de son empire. Réimpression textuelle sur l'édition de 1599. Avec préface par A. Chassant. *Paris, Th. Bélin*, 1880 ; in-12, demi-rel. dos et coins de mar. rouge, *non rogné* (*Champs*).   12 fr.

Réimpression tirée à 200 exemplaires seulement sur papier vergé. Rare.

4271. **Saint-Luc** (Toussaint de). Mémoires sur l'Etat du Clergé et de la noblesse de Bretagne, par le R. P. Toussaint de Saint-Luc, carme de Bretagne. *Paris, Vve Prignard*, 1691 (*Rennes. Vator.*)1858; 2 vol. in-8, demi-rel. mar. rouge, tête dor., *non rognés.*   25 fr.

Réimpression tirée à 200 exemplaires. Nombreuses planches d'armoiries.

4272. **Saint-Pierre** (Bernardin de). Paul et Virginie. Préface de Jules Claretie. *Paris, Quantin*, 1878 ; in-8, demi-rel. dos et coins de mar. brun, tête dor., *non rogné*.   10 fr.

Portrait et figures à l'eau-forte par *Félix Régamey*. Texte encadré.

4273. **Saint-Pierre** (Bernardin de). Huit eaux-fortes composées et gravées par Ad. Lalauze pour Paul et Virginie. *Paris, Liseux*, 1879 ; in-8, *en feuilles* dans un cart. 8 fr.

PAPIER DE CHINE.

4274. **Sainte-Aulaire** (le Cte de). Histoire de la Fronde. *Paris, Baudouin*, 1827 ; 3 vol. in-8, demi-veau.   7 fr.

4275. **Sainte Bible** (La) contenant l'ancien et le nouveau testament, traduite en français sur la vulgate, par Le Maistre de Saci. *Paris, Defer* *de Maisonneuve*, 1789-an XII ; 12 vol, in-8, demi-veau bleu, dos orné. tr. marb. (*Rel. de l'époque*). 100 fr.

Illustré de 300 figures gravées par *Dambrun, Dalaunay, Delingnon. Delvaux, Dupréel, de Ghendt, Giraud, Halbou, Hubert, Patas, Petit, Ponce, Trière, Varin et Viguet.*
On a ajouté la suite des figures de *Devéria* sur CHINE.

4276. Sainte-Bible de vence en latin et en français, avec des notes littéraires, critiques et historiques, des préfaces, etc. 5e édition soigneusement revue et augmentée d'un grand nombre de notes par M. Drach. *Paris*, 1827 ; 27 vol. in-8 et atlas in-4 oblong, demi-rel. veau gris.   70 fr.

Bel exemplaire. L'atlas comprend 37 planches.

4277. Sainte-Marthe (Pierre-Sévolé de). Traité historique des armes de France et de Navarre et de leur origine. *Paris, Lambert Roullaud,* 1673 ; pet. in-12, veau.   8 fr.

Rare et curieux traité orné de 2 planches en taille-douce.

4278. Salluste. C. Crispi Salustii lationorum historicorum præstantissimi, Opera, quæ quidem extant, omnia : videlicet, L. Sergii Catilinæ contra senatum Rom. conjuratio, seu bellum Catilinarium item bellum Jugurthium. *Basileæ,*1564; in-fol., veau fauve, dos orné, dent., semis de fleurs de lis, tr. dor. (*Rel. anc.*).   100 fr.

Aux armes de LOUIS XIII.

4279. Sand (Maurice). Masques et bouffons (comédie italienne). *Paris, M. Lévy,* 1860 ; 2 vol. gr. in-8, cartonnés, *non rognés.*   60 fr.

Figures coloriées.

4280. Sarazin. Les Œuvres de Monsieur Sarasin. *Paris, Thomas Jolly,* 1663 ; 2 tomes en 1 vol. in-12, mar. citron, dos orné, fil., tr. dor.(*Trautz-Bauzonnet*). 150 fr.

Bel exemplaire avec le portrait de l'auteur gravé par *R. Lochon.*

4281. Sarazin. Nouvelles Œuvres de Monsieur Sarazin. *Paris,Claude Barbin,* 1674 ; 2 tomes en 1 vol. in-12, mar. citron, dos orné, fil., tr. dor. (*Trautz-Bauzonnet*). 150 fr.

Seule édition de ces *Nouvelles Œuvres*

donnée par Fleury, ancien secrétaire de Ménage. — Exemplaire grand de marges.

4282. Sarrepont (H. de). Art militaire sous-aquatique. Les Torpilles. *Paris, Baudoin,* 1883 ; in-8, br. 5 fr.

Nombreuses figures dans le texte.

4283. Satyre Ménippée de la vertu du catholicon d'Espaigne et de la tenue des Estats de Paris (par Le Roy, Gillot, Pithou, Rapin et Passerat). Dernière édition augmentée outre les précédentes impressions. *S. l.*, 1600 ; pet. in-8, port., mar. rouge jans., tr. dor. (*David*).   25 fr.

Portrait du sieur Agnoste et des 2 charlatans.

4284. Satyre Ménippée (la) ou la vertu du catholicon, selon l'édition princeps de 1594. Edition nouvelle avec introduction et éclaircissements par M. Ch. Read. *Paris, Libr. des bibliophiles,* 1876 ; in-8, portr., mar. brun jans., tête dor., *non rogné.*   30 fr.

L'un des 15 exemplaires sur GRAND PAPIER DE CHINE. Bel exemplaire portant le n° 1.

4285. Sauvageot Musée impérial du Louvre. Collection Sauvageot dessinée et gravée à l'eau-forte par Ed. Lièvre, accompagnée d'un texte historique et descriptif par A. Sauzay. *Paris, Noblet et Baudry,* 1863 ; in-fol., *en feuilles* dans un carton.   75 fr.

Bel ouvrage illustré de 120 planches tirées sur Chine.

4286. Sauvageot. Musée impérial du Louvre. Collection Sauvageot, dessssinée et gravée à l'eau-forte par Edouard Lièvre, accompagnée d'un texte historique et descriptif par A. Sauzay. *Paris, Noblet et Baudry,* 1863 ; 2 vol. in-fol., demi-rel. dos et coins de mar. vert, tête dor., *non rognés.*   130 fr.

120 planches. Bel exemplaire.

4287. Sauval (Henri). Histoire et recherches des antiquités de la ville de Paris, par M. Henri Sauval, avocat au parlement. *Paris, Moette et Chardon,* 1724 ; 3 vol. in-fol., veau, dos ornés.   80 fr.

Bel exemplaire d'un ouvrage rare.

4288. Scarron. Recueil des Œuvres burlesques de Mr Scarron. *Jouxte* la copie à *Paris, chez Toussainct Quinet (Bruxelles, Foppens)*, 1655; 3 parties en 1 vol. pet. in-12, front. gravé, mar. orange, dos orné, fil., tr. dor. (*Trautz-Bauzonnet*). 75 fr.

Jolie édition, imprimée en italiques; elle s'annexe à la collection elzévirienne (Willems, nº 1972).

4289. **Scarron**. Le Roman Comique. Nouvelle édition illustrée de trois cent cinquante compositions par Edouard Zier. *Paris, H. Launette*, 1888; in-4, mar. rouge, dos orné, encadr. de fil. sur les plats, coins dorés, doubl. et gardes de soie verte, encadr. de fil. avec ornem. dor. à l'int., tr. dor. sur fausses marges, étui (*Canape*). 600 fr.

Exemplaire tiré sur PAPIER DU JAPON pour M. G. Boudet et auquel on a ajouté 9 DESSINS ORIGINAUX d'*Edouard Zier*, ayant servi à l'illustration du livre.

4289bis. **Schlegel** (G.). URANOGRAPHIE chinoise ou preuves directes que l'astronomie primitive est originaire de la Chine et qu'elle a été empruntée par les anciens peuples orientaux à la sphère chinoise. *Leyde*, 1875; 2 vol. gr. in-8. br. 10 fr.

Manque l'atlas.

4290. **Scott** (Walter). Œuvres complètes de sir Walter Scott. *Paris, Ch. Gosselin et Sautelet*, 1828-1833; 84 vol. in-12, veau brun, tr. marbr. 180 fr.

Traduction de Defauconpret.
Figures et vignettes de *Desenne, Eug. Lami*, et *Tony Johannot*.

4291. **Ségur**. Ma prison, depuis le 22 vendémiaire jusqu'au 10 Thermidor, l'an III de la République, par le Cᵉⁿ Jʰ-Alexᵈʳᵉ Ségur, le cadet. *Paris, Huet,* an III ; in-8, dos et coins de mar. brun, tête dor., *non rogné.* (*Loisellier*). 8 fr.

4292. **Ségur** (Cᵗᵉ de). Mémoires ou souvenirs et anecdotes. *Paris, Eymery,* 1824-1826; 3 vol. in-8, demi-veau violet, dos orné, tr. marb. (*Rel. de l'époque*). 25 fr.

Portraits du Cᵗᵉ de Ségur, de Catherine II. Planche de médaille, carte, fac-simile d'autographe.

4293. **Senault**. Heures nouvelles, tirées de la Sainte écriture, écrites et gravées par Senault. *A Paris, chez l'autheur, s. d. ;* in-8, texte et fig. gr. mar. citron, dos orné, large dent. à petits fers, plats en mar. rouge, doublure en tabis bleu, tr. dor. (*Rel. anc.*). 150 fr.

4294. **Sepet** (Marius). Jeanne d'Arc. *Tours, Mame,* 1885 ; gr. in-8, cart. toile. 12 fr.

Trente compositions de [Barrias, J.-P. Laurens. Luminais. Alb. Maignan, Maillart, Rochegrosse, Zier, etc., gravées sur bois par *Méaulle*.

4295. **Sermons** facétieux ou ridicules, et anecdotes curieuses sur les prédicateurs. *Paris, Delarue, s.d. ;* 1 part. en 1 vol. in-8, br. 15 fr.

Édition tirée à 100 exemplaires.

4296. **Sévigné.** Lettres inédites de Madame de Sévigné à Madame de Grignan, sa fille, extraites d'un ancien manuscrit, publiées pour la première fois, annotées et précédées d'une introduction par Charles Capmas. *Paris, Hachette,* 1876 ; 2 vol. in-8, demi-chagr. brun, *non rognés,* couv. cons. 12 fr.

4297. **Shakspeare.** Œuvres complète, traduites de l'anglais par Le Tourneur. Nouvelle édition revue et corrigée par F. Guizot. *Paris, Ladvocat,* 1821 ; 13 vol. in-8, port., demi-veau vert. 50 fr.

4298. **Silvestre** (Armand) et Eug. **Morand**. Grisélidis, mystère en trois actes. *Paris, Kolb,* 1891 ; in-8, br. 4 fr.

4299. **Singularités** historiques et littéraires (par dom Liron), contenant plusieurs recherches, découvertes et éclaircissement sur un grand nombre de difficultés de l'histoire ancienne et moderne. *Paris, Didot,* 1738 ; 2 vol. in-12, veau fauve, dos orné. (*Rel. anc.*).

Exemplaire aux armes. 15 fr.

4300. **Soirées** (les) de Neuilly, esquisses dramatiques et historiques publiées par M. de Fongeray, ornées du portrait de l'éditeur et d'un fac-simile de son écriture. *Paris, Moutardier,* 1827 ; 2 vol. in-8, demi-rel. veau fauve, dos ornés, *non rognés.* 30 fr.

Cet ouvrage publié sous le pseudonyme de M. de Fongeray par Adolphe Dittmer et Auguste Cavé renferme : Les Alliés ou l'invasion ; une Conspiration en province ; t les Français en Espagne; Mallet ou une

conspiration sous l'Empire ; Dieu et le Diable ; et les stationnaires.
Lithographie par *Henry Monnier*.
Bel exemplaire. Le 1er vol. est en première édition, le second en deuxième.

4301. Soldi (Émile). Les Arts méconnus. Les nouveaux musées du Trocadéro. *Paris, Leroux*, 1881 ; gr. in-8, br. 8 fr.
Ouvrage publié à 25 fr., orné de 400 gravures. État de neuf, non conpé.

4302. Songe du Vergier (le) lequel parle de la disputacion du clerc et du chevalier. (A la fin :) *Imprimé par le petit Laurens pour venerable homme Jehan Petit, libraire demourant a Paris en la rue Saint Jacques a l'enseigne du lyon d'argent (vers 1500)* ; in-fol. goth. de 142 ff. réglé, mar. citron, dos orné, dent., tr. dor. (*Rel. anc.*). 400 fr.
Ouvrage remarquable composé vers l'année 1374, dans le but de défendre la juridiction royale contre les entreprises de la juridiction ecclésiastique. Le Songe du Vergier a été attribué à six ou sept auteurs différents, dont trois paraissent avoir le plus de droits à cette attribution. Ce sont Raoul de Presle, Philippe de Mezières et Charles de Louviers.
Bel exemplaire d'une très bonne édition rare et recherchée.

4303. Spallart (Robert de). Tableau historique des costumes, des mœurs et des usages des principaux peuples de l'antiquité et du moyen âge (trad. de l'allemand par L. de Jaubert et M. Breton). *Paris, Renouard*, 1804-1809 ; 7 vol. in-8, fig. et atlas in-fol. oblong, veau marbré et sablé d'or, dos orné, dent., tr. jasp. 100 fr.
Exemplaire avec les figures finement coloriées. Les 2 vol. d'atlas en demi-rel.

4304. Stendhal. Le Rouge et le Noir, par M. de Sthendal (Henri Beyle). Réimpression texturelle de l'édition originale, illustrée de 80 eaux-fortes par H. Dubouchet. Préface de Léon Chapron. *Paris, Conquet*, 1884 ; 3 vol. in-8, br., couv. 300 fr.
L'un des 150 exemplaires sur PAPIER DU JAPON (n° 137), auquel on a joint le prospectus de la publication.

4305. Sue (Eugée). Histoire de la Marine française Deuxième édition entièrement revue par l'auteur. *Paris, dépôt de la librairie*, 1845 ; 4 vol. in-8, cart., *non rognés*, couv.
Gravures de *Tony Johannot*. 12 fr.

4306. Sue (Eugène). La Salamandre. Roman maritime. *Paris, Eug. Renduel*, 1832 ; 2 vol. in-8, demi-rel. dos et coins de veau fauve. 8 fr.
ÉDITION ORIGINALE.

4307. Swift. Les Quatre Voyages du capitaine Lemuel Gulliver. Traduction de l'abbé Desfontaines, revue, complétée et précédée d'une notice par H. Reynald. *Paris, Libr. des bibliophiles*, 1875 ; 4 parties en 2 vol. in-12, mar. vert jans., tête dor. (*Chambolle-Duru*). 75 fr.
Un des 15 exemplaires sur PAPIER DE CHINE. Jolies figures de *Lalauze*.

4308. Swift. Voyages de Gulliver, traduction nouvelle et complète par B.-H. Gausseron, illustrations de V.-A. Poirson. *Paris, Quantin*, s. d. (1883) ; gr. in-8, demi-rel. dos et coins de mar. rouge, dos orné, tête dor., *non rognés*. (*Champs*). 50 f.
L'un des 100 exemplaires tirés sur PAPIER DU JAPON. Très jolies illustrations en couleurs.

4309. Tabourot des Accords. Les Bigarrures et touches du seigneur des Accords ; avec les apophtegmes du sieur Gaulard. et les Escraignes dijounoises. Dernière édition. *Paris, Arnould Cotinet*, 1662 ; in-12. mar. rouge, dos orné, fil., tr. dor. (*Rel. anc*). 100 fr.
Édition renfermant les Rebus de Picardie, illustrés de vignettes sur bois

4310. Tahureau. Les Diagloves (sic) de Jacques Tahureau, gentilhomme du Mans, non moins profitables que facetieus, où les vices d'un chacun sont repris fort apprement pour nous amener davantage à les fuir et suivre la vertu. *Paris, Gabriel Buon*, 1570 ; in-16, mar. rouge, dos orné, fil., tr. dor. (*Trautz-Bauzonnet*. 1859). 120 fr.
Bel exemplaire d'une jolie édition de ces dialogues foôétieux.

4311. Tahureau (Jacques) Poésies, publiées par Prosper Blanchemain. *Paris, Jouaust*, 1870 ; 2 vol. in-12, br. 20 fr.
L'un des 15 exemplaires sur PAPIER DE CHINE.

4312 Tailhade (Laurent). Au pays du Mufle. Ballades et quatorzains. Préface d'Armand Silvestre *Paris, Vanier*, 1891 ; in-12 carré. br. 8 fr.
PAPIER DE HOLLANDE. Tiré à 400 exemplaires.

Et de Livres anciens et modernes

4313. Tailleur (Le) sincère, contenant les moyens pour bien pratiquer toutes sortes d'ouvrages pour les habits d'hommes et la quantité des estoffes qu'il y doit entrer en chaque espèce... non seulement pour les habits du commun, mais aussi pour ceux du S. P. le Pape et des cardinaux, evequcs... comme aussi pour les cérémonies des roys, princes, seigneurs et officiers, tant des parlements que magistrats des villes. Avec un recueil des principales pièces qui ne sont pas bien communes, et l'instruction qu'il faut observer pour les bien couper et assembler... enrichis de plusieurs planches gravées... composez par B. Boullay. *Paris, Ant. de Rafflé*, 1671 ; pet. in-fol., fig., mar. rouge, jans., dent. int., tr. dor. (*Capé*). 350 fr.

Ouvrage très rare et très curieux, il renferme des détails intéressants sur les étoffes alors en vogue. Il se compose du titre, de 10 feuillets de texte, d'un privilège en 2 feuillets, d'une dédicace à Colbert, 1 feuillet gravé, et de 50 planches au trait représentant des coupes d'habits pour les divers états de la société. En tête se trouve un beau portrait de Colbert, gravé par *Frosne*.

M. le B⁰⁰. J. Pichon a fait copier et ajouter à cet exemplaire la table de l'exemplaire de la Bibliothèque nationale qui offre de grandes différences avec celui-ci.

4314. Tasse (Le). L'Aminte, drame pastoral. Traduction nouvelle par Emmanuel Chambert. *Paris, Jouaust*, 1879 ; in-8, br. 8 fr.

Frontispice à l'eau-forte par *Lalauze*.

4315.. Tassin. Les plans et profils de toutes les principales villes et lieux considérables de France. Ensemble les cartes générales de chacune province : et les particulières de chaque gouvernement d'icelles. *Paris, Vantochon*, 1638; 2 vol. in-4, front., cartes et plans, veau, dos orn. (*Rel. anc.*). 200 fr.

Le texte des deux volume porte la date de 1638, les planches de la première partie portent, *à Paris, chez De Fer*, 1644, ceux la seconde partie portent, *à Paris, chez De Fer*, 1652.

Ouvrage contenant 451 planches.

4316. Taylor. Vues pittoresques de l'ancienne France, lithographiées d'après nature. *Paris*, 1835 ; in-fol., cart., *non rogné*.

Toulouse, 69 pl.	60 fr.
Albi et ses environs, 27 pl.	25 fr.
Carcassonne et Narbonne, 28 pl.	25 fr.
Nimes et les Cévennes, 51 pl.	45 fr.

4317. Taylor. Vues pittoresques de l'ancienne France, lithographiées d'après nature. *Paris*, 1845 ; in-fol. cart., *non rogné*.

Reims et ses environs, 117 pl.	100 fr.
Troyes et ses environs, 72 pl.	65 fr.
Chalons et ses environs, 42 pl.	40 fr.
Meaux, Provins, Chateau-Thierry, 58 pl.	50 fr.

4318. Testament (Le Nouveau) de Nostre-Seigneur Jésus-Christ traduit de latin en françois selon l'édition vulgate, avec les différences du grec (par Arnauld, Sacy et Nicole). *Mons, Gaspard Migeot (Amsterdam, Daniel Elzevier)*, 1667 ; 2 vol. pet. in-8, mar. rouge, dos ornés, fil., à la grotesque, tr. dor. (*Rel. anc.*). 150 fr.

Très bel exemplaire de la PREMIÈRE ÉDITION de cette célèbre traduction dite de Port-Royal. Frontispice gravé par *Van Schuppen*, d'après *Ph. de Champaigne*.

4319. Testament. Histoire du vieux et du nouveau testament; représentée avec des figures et des explications édifiantes, tirées des SS. PP. pour régler les mœurs dans toutes sortes de conditions, par de Royaumont. *Paris, Le Petit*, 1670 ; in-4 veau fauve, dos orn. fil. (*Rel. anc.*). 125 fr.

Première édition rare et recherchée. On y trouve deux fig. de Leclerc qui ne sont pas dans la plupart des autres éditions. Exemplaire contenant le carton de 4 ff. entre les pages 296 et 297, lequel manque souvent.

Très bon tirage des figures.

4320. Testament. (Le nouveau) en françois avec des réflexions morales sur chaque verset (par le R. Quesnel). *Paris, André Pralard*, 1705 ; 4 tomes en 8 vol, in-8, mar. rouge jans., gardes de papier doré à fleurs blanches, tr. dor. 200 fr.

Bel exemplaire réglé dans une bonne reliure ancienne.

4321. Testament (Nouveau) de Notre-Seigneur Jésus-Christ, traduit en français par M. Le Maistre de Sacy. Nouvelle édition ornée de 96 figures gravées d'après les dessins de MM. Mariller et Monsiau. *Paris, Gay, Ponce, Belin, an XIII*, (1805) ; 3 vol. in-4 fig., cart. *non rogné*. 135 fr.

Exemplaire en PAPIER VÉLIN avec les figures AVANT LA LETTRE, provenant de la bibliothèque GÉNARD.

Achat de Bibliothèques

4322. **Teste** (Louis). Léon XIII et le Vatican. *Paris, Forestier*, 1880 ; gr. in-8 portr., br. 5 fr.

PAPIER VERGÉ DE HOLLANDE. Texte encadré d'un filet rouge. Portrait sur *Chine*.

4323. **Thiers**. Histoire du Consulat et de l'Empire. *Paris, Paulin, Lheureux*, 1845-1862 ; 28 vol. in-8, demi-veau rouge. 50 fr.

4324. **Thomassin** (Simon). Recueil des figures, groupes, thermes, fontaines, vases, statues et autres ornemens de Versailles, tels qu'ils se voyent à présent dans le château et parc, gravé d'après les originaux par Simon Thomassin. *Amsterdam, P. Mortier*, 1695 ; 4 tomes en un vol in-4, vélin. 45 fr.

Frontispice, plan de Versailles avec le parc au cerf, et 218 planches gravées en taille-douce.

4325. **Tissandier** (Gaston). Les Récréations scientifiques, ou l'enseignement par les jeux. *Paris, G. Masson, s.d.*; in-8, br. 5 fr.

225 gravures sur bois.

4326. **Tite-Live**. Le premier [second et tiers] volume des grans Decades de Titus Livius. Translatées de latin en françoys (par Pierre Berchoire), nouvellement corrigées et amendées. Et en ensuyvant les faictz dudit Tytus Livius aucunes addicions de plusieurs grans historiographes, si comme Orose, Saluste, Suetone et Lucain. *Imprimé pour Philippe le Noir libraire juré de l'université de Paris.* (A la fin du 3e vol :) *Imprimmé à Paris le vingt-septiesme jour de Juin 1530, par Nicolas Savetier, imprimeur demourant en la rue des Carmes a l'enseigne de lhomme Saulvaige ;* 3 vol. in-fol. goth. à 2 col., réglés, cart. 100 fr.

Figures sur bois avec titres encadrés.

4327. **Toudouze** (Gustave). Enfant perdu, 1814. *Paris, Hachette*, 1895 ; gr. in-8, br. 4 fr.

Ouvrage illustré de 50 gravures d'après les dessins de *J. Le Blant*. Signature de l'auteur sur le faux-titre dont la partie supérieure a été enlevée.

5328. **Tressan**. Histoire de Gérard de Nevers et de la belle Euriant, sa mie. *Paris, impr. de Didot jeune*, 1792 ; pet. in-12, demi-rel. mar. rouge, *non rogné*. 30 fr.

4 figures par *Moreau le jeune*. Papier vélin. Taches.

4329. **Tricornot**. Mémoires du baron de Tricornot, lieutenant-colonel du régiment de Schomberg-dragons. *Besançon, imp. Jacquin*, 1894 ; gr. in-8, br. 10 fr.

Intéressants mémoires pour la période de 1760 à 1804, illustré de portrait, fac-simile et fig.
RARE, tiré à 500 exemplaires non mis dans le commerce.

4330. **Tristan de Leonnois**. Le Premier Livre du nouveau Tristan, prince de Leonnois chevalier de la Table ronde et d'Yseulte, princesse d'Yslande, royne de Cornouaille, fait françoys par Jean Maugin dit l'Angevin. *A Paris, chez la veuve Maurice de La Porte*, 1554 ; in-fol., mar. rouge, dos orné de feuillages, fil. doublé de mar. bleu, branches de feuillages, tr. dor. (*Chambolle-Duru*). 450 fr.

PREMIÈRE ÉDITION de ce roman remanié par J. Maugin.
Superbe exemplaire. Belle dorure de *Marius Michel*.

4331. **Tristan L'Hermite**. Les Amours de Tristan. *Paris, Pierre Billaine et Augustin Courbé*, 1638 ; in-4, mar. rouge, dos orné, fil., tr. dor. (*Rel. anc.*). 250 fr.

Bel exemplaire de l'ÉDITION ORIGINALE. Frontispice gravé par *Claude Mellan*.

4332. **Tristan L'Hermite**. Les Amours de feu M. Tristan et autres pièces très curieuses. *Paris, Gabriel Quinet*, 1662 ; in-12, front., mar. bleu, tr. dor. (*Trautz-Bauzonnet*, 1864). 125 fr.

Joli exemplaire.

4333. **Turgan**. Les grandes usines, études industrielles en France et à l'étranger. *Paris, M. Lévy*, 1866 ; tomes II à X, 9 vol. in-8, demi-chagr. lavall, tr. jasp., fig. 25 fr.

4334. **Vadé** (J.-J.). Œuvres poissardes, suivies de celles de l'Ecluse. *Paris, Didot*, 1796 ; in-12, portr. et fig., veau fauve, fil., tr. dor. (*Rel. anc.*). 150 fr.

Bel exemplaire en papier vélin de cette jolie édition ornée d'un portrait et de quatre figures dessinées par *Monsiau*.
Epreuves AVANT LA LETTRE. Rare.

Et de Livres anciens et modernes

4335. Vaissette (Dom). Histoire générale de Languedoc, avec des notes et les pièces justificatives : composée sur les auteurs et les titres originaux, et enrichie de divers monuments. *Paris, J. Vincent,* 1730 ; 5 vol. in-fol., veau, fil., tr. marbr., dos orné.   110 fr.

Bon exemplaire.

4336. Valmont de Bomare. Dictionnaire raisonné universel d'Histoire naturelle, contenant l'Histoire des animaux, des végétaux et des minéraux, et celles de corps célestes, des météores et des autres principaux phénomènes de la nature... par M. Valmont de Bomare... Nouvelle édition revue et augmentée. *A Paris, chez Lacombe,* 1767-1768 ; 6 vol. in-8, mar. rouge, dos orné, fil., dent. int., tr. dor. (*Rel. anc.*).   350 fr.

Exemplaire aux armes de la Comtesse de PROVENCE (Marie-Joséphine-Louise de Savoie, femme de Louis XVIII).
Jacques-Christophe Valmont de Bomare, célèbre naturaliste, membre de l'Institut, naquit à Rouen en 1731 et mourut à Paris en 1807.

4337. Van der Sterre (Chrysost.). Vita S. Norberti, canonicarum præmonstratensium patriarchæ Antverpiæ apostoli archiepisc. Magdeburg. ac totius Germaniæ primatis. *Antverpiæ, Th. Gallens* (1622); pet. in-4, mar. rouge, dos orné, double rangée de fil. à froid, tr. dor. 120 fr.

Titre, portrait et 34 figures très finement gravées en taille-douce par *Théodore Galle.*
Bel exemplaire.

4338. Vaux (Baron de). Les Femmes de Sport. Préface par Arsène Houssaye et Lettre de Catulle Mendès. *Paris, Marpon et Flammarion,* 1885 ; gr. in-8, fig., br. 12 fr.

4339. Venatus et aucupium icoinibus artificios. ad vivum expressa, et succintis versibus illustrata, per A. Lonicerum. Ad calcem vero adjunximus poetas tres agregios gratium qui Augusto Principe floruit de Venatione, M. Aurelium Olympium Nemesianum, qui Cynegetica scripsit, et Joannes Darcæum Venusium de canibus. *Francoforti, impensis Sigismundi Feierabendii,*

1582 ; in-4, basane noire, tr. dor. (*Rel. anc.*).   275 fr.

Livre rare orné de 40 figures, scènes de chasses, gravées sur bois, d'après *Jost Ammam.* Piqûre dans la marge du bas.

4340. Verboquet. Les Délices ou discours joyeux et récréatifs, avec les plus belles rencontres et propos sérieux tenus par tous les bons cabarets de France, par Verboquet le généreux, très utile et nécessaire pour réjouir les esprits mélancoliques. *Paris, J. de Bordeaux et J. de Martin,* 1630. — Les subtils et facecieuses Rencontres de J.-B., disciple du généreux Verboquet, par luy pratiquées pendant son voyage tant par mer que par terre. Le tout au contentement des plus mélancoliques. *Paris, de l'impr. J. Martin et J. de Bordeaux,* 1630 ; ens. 2 tomes en un vol. pet. in-12, mar. citron, dos orné, fil., tr. dor. (*Trautz-Bauzonnet*).   250 fr.

Rare avec les deux parties. Bel exemplaire, provenant des bibliothèques de MM. de CHAPONAY et de BÉHAGUE.

4341. Verlaine (Paul). Invectives. *Paris, Vanier,* 1896 ; in-12, br. 10 fr.

Édition originale.

4342. Verlaine (Paul). Les mémoires d'un veuf. *Paris, Vanier,* 1886 ; in-12, br.   10 fr.

Édition originale.

4343. Verlaine (Paul). Louise Leclercq. — Le Poteau. — Pierre Duchatelet. — Madame Aubin (un acte). *Paris, Vanier,* 1886 ; in-12, br.   10 fr.

Édition originale.

4344. Vernet (Carle). Tableaux historiques des campagnes d'Italie depuis l'an IV jusqu'à la bataille de Marengo ; suivis du précis des opérations de l'armée d'Orient, des détails sur les cérémonies du sacre, des bulletins officiels de la grande armée et de l'armée d'Italie dans tout le cours de la dernière guerre d'Allemagne jusqu'à la paix de Presbourg. *Paris, Auber,* 1806 ; in-fol., mar. bleu, fil., orn., aigles couronnés sur les plats, dos ornés, tr. dor. (*Hering*).   250 fr.

Portrait de l'empereur, vignette, portraits de Napoléon et de Joséphine, et 25 planches gravées par *Duplessi-Bertaux,* d'après *Vernet.*

Achat de Bbliothèques

4345. **Vétault** (Alphonse). Charle-
magne. Introduction par Léon
Gautier. *Tours , Alfred Mame ,
1877* ; gr. in-8, demi-rel. chagr.
rouge, plats toile, fers spéciaux,
tr. dor. (*Rel. de l'édit.*).   20 fr.
  Belles et nombreuses illustrations hors
  texte et dans le texte.

4346. **Viardot** (Louis). Les Musées
d'Europe. Guide et memento de
l'artiste et du voyageur. *Paris,
1859-60* ; 5 vol. in-12, demi-chag.
vert, *non rognés*.   25 fr.
  Musées d'Italie, d'Espagne , d'Allemagne , d'Angleterre, de Belgique, de
  Hollande et de Russie, de France (Paris).
  Rare.

4347. **Vie Parisienne** (La). Années 1863-1885; 20 vol. in-4, demi-
rel., chag. vert, dos ornés. 200 fr.
  Belle collection de ce journal humoris-
  tique très spirituellement illustré.

4348. **Viollet-le-Duc**. Compositions
et dessins de Viollet-le-Duc, publiés sous le patronage du comité
de l'œuvre du maître. *Paris, 1884*;
in-fol., demi-rel. chagrin rouge,
plats toile.   75 fr.
  100 planches montées sur onglets.

4349. **Virgile**. Publii Virgilii Maro-
nis Opera. Curis et studio Stephani-
Andreæ Philippe. *Lutetiæ Pari-
siorum, typis Josephi Barbocc,
1754* ; 3 vol. in-12, mar. vert, dos
orné à la grotesque, fil., tr. dor.
(*Rel. anc.*).   200 fr.
  1 frontispice, 17 figures et 45 en-têtes ou
  culs-de-lampe dessinés par *Cochin*, gravés
  par *Duflos*.
  Exemplaire aux armes de la Duch. de
  Ventadour.

4350. **Virgile**. Œuvres, traduites
en françois, le texte vis-à-vis la
traduction, avec des remarques,
par M. l'abbé des Fontaines. *Paris, Plassan, an IV* ; 4 vol. in-8,
demi-chag. brun.   30 fr.
  Portrait par *Dupréel*, et 17 figures par
  Moreau et *Zocchi* gravés par *Baquoy,
  Dambrun, Delignon, Delvaux, Duhamel,
  Dupréel, Halbou, Pons* et *Thomas*.

4351. **Voltaire**. La Henriade. Nouvelle édition. *Paris, Veuve Duchesne, s. d.* (1770) ; 2 vol. in-8,
veau racine, dos orné, fil.   40 fr.
  Titre gravé avec portrait de l'auteur,
  frontispice, 10 jolies figures et 10 vignettes
  dessinés par *Eisen*, gravés par *de Longueil*.

4352. **Voltaire**. La Henriade, poëme,
orné de dessins lithographiques.

Paris, Dubois, 1825 ; in-fol., veau
bleu, dos orné, dent., milieux et
comp. à froid, éb., *non rogné*.
(*Charon*).   200 fr.
  Frontispice et grand cul-de-lampe par
  Girardet, 18 figures sur *Chine* par *Horace
  Vernet* et 69 portraits historiques par
  Mauzaisse.
  Magnifique exemplaire dans une reliure
  du temps de la publication du livre.

4353. **Voltaire**. Œuvres complètes
de Voltaire, avec des remarques et
des notes historiques, scientifiques
et littéraires, par MM. Auguis, Clo-
genson, Daunou, Louis du Bois,
Etienne, Charles Nodier, etc. *Paris,
Delangle frères*, 1824-1832 ; 95 vol.
in-8. — Table analytique des ma-
tières par P.-A.-M. Miger, 2 vol. —
Ens. 97 vol. in-8, demi-rel. veau
fauve, dos orné, *non rognés*. 150 fr.
  Une des plus belles et des plus complètes éditions des Œuvres de Voltaire. —
  Très bel exemplaire.

4354. **Voltaire**. Œuvres complètes,
avec préfaces, notes et avertisse-
ments, etc.. par Beuchot. *Paris,
Lefèvre*, 1834 ; 72 vol. in-8, br. 150 fr.
  De la collection des *Classiques français*.
  Quelques piqûres.

4355. **Voltaire**. La Pucelle d'Or-
léans, poème en vingt et un chants.
Paris, Leclère, 1860 ; 2 vol. in-18,
br.   45 fr.
  Édition ornée de figures par *Duplessi-
  Bertaux*.

4456. **Voltaire**. La Pucelle, poème
en XXI chants avec les notes et les
variantes. *De l'imp. de la Société
littéraire typographique*, 1789 ;
2 vol. in-12, demi-rel. dos et coins
de chagr. vert, tête dor., *non
rognés*.   10 fr.
  On a ajouté 2 suites de figures, l'une
  non signée, l'autre d'après *Duplessi-
  Bertaux*.

4357. **Voyages d'Espagne**, contenant, entre plusieurs particularitez de ce Royaume, trois discours
politiques sur les affaires du Pro-
tecteur d'Angleterre, de la Reine
de Suède et de Loraine (par Fr.
d'Aerssen de Sommelsdyk). Avec
une Relation de l'estat et gouvernement de cette monarchie (par A.
de Bonnecase, Sr de Saint Maurice) et une Relation particulière
de Madrid. *Cologne. Pierre Marteau*, 1667; pet. in-12, front., mar.

Et de Livres anciens et modernes

rouge, fil. à froid (*Bauzonnet-Trautz*). 150 fr.

Édition publiée à Amsterdam par Abr. Wolfgang : elle se joint à la collection elzévirienne (Willems, *les Elzéviers*, n° 1761, 3°).

Exemplaire non rogné. Hauteur : 147 mill.

4358. Vues de Chine. Album de 36 dessins exécutés à la plume et à l'encre de Chine, rehaussés de couleurs ; in-4 oblong, mar. vert, dos orné, fil., tr. dor. (*Rel. anc.*). 600 fr.

Aux armes mosaïquées de MACHAULT D'ARNOUVILLE, garde des sceaux et contrôleur général des finances.

4359. Vues de l'Empire Ottoman, la Carmanie, les îles de Rhodes, Chypre et les villes de Corinthe, Carthage et Tripoli. — Vues en Palestine, avec une relation historique. — Vues en Egypte; d'après les dessins originaux de Louis Mayer. *Londres, Bowyer*, 1802-1804 ; 3 ouvrages en un vol. veau olive, dos orné, dent., tr. dor. (*Lefebvre*). 200 fr.

96 superbes estampes en couleurs conservées dans une reliure originale, ornementées par des têtes de sphinx et des attributs égyptiens.

Les deux premiers ouvrages ont leur texte en anglais et en français, le troisième en français seulement.

4360. Willette (Adolphe). Œuvres choisies, contenant 100 dessins choisis dans le Courrier Français de 1884 à 1901. Préface illustrée de l'auteur. *Paris, Simonis Empis*, 1901; gr. in-8, br., couv. coloriée. 40 fr.

Le spirituel artiste a réuni dans ce volume cent de ses meilleurs dessins. Il y

en a d'amusants, d'humoristiques, de philosophiques, voire même de politiques, mais tous sont exécutés de main de maître avec une verve et une largeur de touche inimitables.

Un des cinquante exemplaires sur PAPIER DU JAPON.

4361. Witt (Mme de). Les Chroniqueurs de l'histoire de France, depuis les origines jusqu'au XVIe siècle. *Paris, Hachette*, 1883-1885; 3 vol. gr. in-8, tr. dor. 35 fr.

Planches en chromolithographie.

4362. Yanville. Traité de Vénerie. *Paris, impr. de Tinterlin*, 1859 ; gr. in-8, cart. 20 fr.

Planches hors texte tirées sur *Chine collé*. Vignettes dans le texte.

4363. Zacharie. Les Quatre parties du Jour, poëme traduit de l'allemand, de M. Zacharie (par Müller). *Paris, Musier*, 1769 ; in-8, fig., veau fauve. 50 fr.

Frontispice, 4 figures et 4 vignettes en-tète, par *Eisen*, gravés par *Baquoy*.

4363 bis. Zurlauben (Bon de). Tableaux topographiques, pittoresques, physiques, historiques, moraux, politiques, littéraires de la Suisse. *Paris, Clousier*, 1780-1788 ; 4 vol. in-fol., demi-mar. vert, dos ornés, fil. (*Rel. anc.*). 170 fr.

Ouvrage illustré d'une grande vignette contenant les portraits en médaillon de Zurlauben et de La Borde, d'un frontispice de *Moreau*, d'un faux-titre gravé et de 278 planches de vues, portraits, médailles et plans, dessinés par *Le Barbier, Châtelet, Bertaux, Pérignon*, gravés par *Née, Masquelier, de Longueil*, etc.

Cet exemplaire ne contient pas la table analytique de Quétant.

VUES DE VILLES ET DE MONUMENTS

Ouvrages intéressants publiés par Fisher, Virtue, Cormick, etc., d'après les dessins d'*Allom, Bartlett* et autres.

4364. La France au XIXe siècle, illustrée dans ses monuments et ses plus beaux sites, dessinés d'après nature par Thomas Allom, avec un texte descriptif par Charles-Jean Delille. *Londres et Paris*, s. d.; 3 vol. in-4, rel. en un, demi-veau fauve, dos orn., *non rogné*, (*Rel. anc.*) 100 fr.

Illustré de 96 planches gravées.

4365. France. The Revers of France, from drawings by J. M. W. Turner. *London, Cormick*, 1837 ; in-8, demi-veau violet, dos orn., tr. marb. (*Rel. de l'époque*). 100 fr.

Illustré de 61 gravures sur acier donnant des vues de Paris et ses environs, Orléanais, Blaisois, Touraine, Normandie, etc. Texte anglais et français.

4366. **France**. French Cathedrals by B. Winkles, from drawings taken on the spot by R. Garland, with an historical and descriptive account. *London, Ch. Tilt*, 1837 ; in-4, demi-chag. vert, plat toile.   40 fr.

> Illustré de 1 frontispice et 48 planches gravées.

4367. **Paris** an dits environs, displayed in a series of two hundred picturesque views from original Drawings, taken under the direction of A. Pugin, the engravings executed under the superintendance of Mr. C. Heath, With topographical and historical descriptions. *London, Chaplin*, 1831 ; 2 vol. in-4, demi-veau, *non rogné*. 80 fr.

> 2 frontispices et 100 planches représentant 202 vues gravées.

4368. **Méditerranée**. The Sores and islands of the Mediterrancan. Drawn from nature by sir Grenville Temple, Bart. W. L. Leicht, Major Irton, et Lient Allen. With an analysis of the Mediterraneen and descriptions of the plates, by the Rev. G. N. Wright. *London, Fisher*, 1839 ; in-4, demi-chag. brun, plats toile, *ébarbé*.   40 fr.

> Illustré de 1 frontispice et 64 planches gravées sur acier.

4369. **Angleterre**. Devonshire and Cornwall illustrated, from original drawings by Thomas Allom, W. H. Barlett, etc. With historical and topographical descriptions by J. Britton and E. W. Brayley. *London, Fisher*, 1832 ; in-4, cart. toile.   35 fr.

> 140 gravures sur acier.

4370. **Angleterre** of the Seats, mansions castles, etc, of noblemen and gentlemen in England, Wales, Scotland and Ireland, and other picturesque scenery accompanied with. Historical descriptions of the mansions, lists of pictures, statues, etc., and genealogical Sketches of the Families and their possessors ; forming par of the général series of Jones, great Britain illustrated. *London, Jones*, 1829 ; in-4 dos et coins de veau fauve, dos orné, tr. marbrées.   70 fr.

> Très joli titre gravé et 96 planches représentant 193 vues de châteaux.

4371. **Angleterre**. Architectural and picturesque illustrations of the cathedral churches of England and Wales ; the drawings made from sketches taken expressly for this Work, by Robert Garland, with descriptions by Thomas Moule. *London, Effingham Wilson*, 1836-1838 ; 2 vol. in-4, demi-chag. vert, plats toile.   80 fr.

> Illustré de 2 front. et 119 planches gravées sur acier.

4372. **Londres**. London and its Environs in the xixihe century, illustrated by a serie of Viewes from original drawings by Thomas Stopherd. *London, Jones*, 1829 ; in-4, demi-rel. mar. brun, *non rogné*.
> 40 fr.

> 190 vues de Londres gravées sur acier.

4373. **L'Écosse** pittoresque, ou suite de vues prises expressément pour cet ouvrage par T. Allom, W. H. Bartlett et H. M' Culloch ; le texte par W. Beattie, traduit de l'anglais par L. de Bauclas. *Londres, G. Virtue*, 1838 ; 2 vol. in-4, demi-chag. vert, plats toile.   50 fr.

> Illustré de 2 front., 118 planches et 1 carte, gravés sur acier.

4374. **La Suisse** pittoresque, ornée de vues dessinées spécialement pour cet ouvrage par W. H. Bartlett, accompagné d'un texte par William Beattie, traduit de l'anglais par L. de Bauclas. *Londres, G. Virtue*, 1836 ; 2 vol. in-4, demi-chag. rouge, plats toile.   50 fr.

> 2 frontispices et 107 planches gravés sur acier.

4375. **Belgique et Hollande**. Vues de la Hollande et de la Belgique, dessinées par W. H. Bartlett, avec une description historique et topographique par K.-C. Van Kampen, traduit par J. de Gaze. *Londres, Virtue*, s. d. ; in-8, demi-veau violet, dos orn., tr. marb.   60 fr.

> Illustré de 1 carte et de 62 belles gravures sur acier.

4376. **L'Amérique** pittoresque ou vues des terres, des lacs et des fleuves des Etats-Unis d'Amérique. Enrichi de gravures faites sur les dessins de M. W. H. Bartlett et exécutées par R. Wallis, J. Cousen, Wilmore, Brandard, Adlard, Richardson, etc., la partie littéraire

Et de Livres anciens et modernes

par N. P. Willis, traduit de l'anglais par L. de Bauclas. *Londres, G. Virtue,* 1840 ; 2 vol. in-4, demi-chag. brun, plats toile.   80 fr.

    2 frontispices et 116 planches gravés sur acier.

4377. Chine. L'Empire chinois illustré d'après des dessins pris sur les lieux par Th. Allom. Avec les descriptions par Clément Pellé. *Paris, Fisher ;* pet. in-4, cart. de l'éditeur, fers spéciaux, tr. dor.   20 fr.

    33 belles planches dessinées par *Thomas Allom,* gravées par *Tingle, Bradshaw, Wetherhead, C. T. Dixon,* etc.

4378. Constantinople. L'Empire Ottoman illustré. Constantinople ancienne et moderne ; comprenant aussi les sept églises de l'Asie mineure, illustrées d'après les dessins pris sur les lieux par Thomas Allom. Précédé d'un essai historique sur Constantinople et de la description des monumens de Constantinople et des sept églises de l'Asie mineure par MM. Léon Galibert et C. Pellé. *Londres, Fisher,* s. d. : 3 parties en 1 vol., demi-chag. bleu, plats toile.   50 fr.

    95 planches et 2 cartes gravées sur acier.

4379. Bosphore. Les beautés du Bosphore, par Miss Pardoe, orné d'une suite de vues de Constantinople et de ses environs, d'après les dessins originaux de W.-H.

Bartlett. Traduit de l'anglais par L. de Bauclas. *Londres, G. Virtue,* 1838 ; in-4, demi-chag. vert, plats toile.   40 fr.

    Illustré de un frontispice, un portrait, 78 planches et une carte, gravés sur acier.

4380. La Syrie, la Terre-Sainte, l'Asie mineure, etc., illustrées. Une série de vues dessinées d'après nature par W.-E. Bartlett, William Purser, Thomas Allom, etc., explication des gravures par John Carne ; traduit de l'anglais par A. Sosson. *Londres, Fisher,* 1836-1838 ; 3 vol. in-4, demi-chag. vert, plats toile, fers spéciaux, tr. dor.   60 fr.

    Illustré de 120 planches et de 2 cartes gravées sur acier.

4381. Le Danube illustré. Pour faire suite à Constantinople ancienne et moderne, au Voyage en Syrie, etc. Vues d'après nature dessinées par Bartlett, gravées par plusieurs artistes anglais. Edition française revue par H.-L. Sazerac. *Paris, Mandeville, s. d.* (1849) ; 2 vol. in-4, cart. perc. de l'édit., avec fers spéciaux, tr. dor.   30 fr.

    Très intéressant ouvrage orné de 64 gravures hors texte finement gravées.

4382. Fisher's drawing room scrapbook with poetical illustrations by L. E. L. 1833. *London, Fisher and Jackson,* 1833-1846 ; 2 vol., pet. in-4, cart. toile, tr. dor.   20 fr.

    72 jolies gravures sur acier.

Vient de paraître :

ARSÈNE ALEXANDRE

LES

REINES DE L'AIGUILLE

MODISTES ET COUTURIÈRES

(Étude Parisienne)

ÉDITION ORNÉE DE 40 VIGNETTES

DESSINÉES ET GRAVÉES A L'EAU-FORTE PAR

FRANÇOIS COURBOIN

UN VOLUME IN-8° CAVALIER DE 190 PAGES

Détail et prix du tirage

100 exemplaires sur papier impérial du Japon, contenant trois états de toutes les illustrations (eau-forte pure, épreuve avec remarque, épreuve avec la lettre). . . . . . . **150 fr.**
200 exemplaires sur papier vélin d'Arches. . . . . **60 fr.**
Soit, au total, 300 exemplaires numérotés à la presse de 1 à 300 en commençant par ceux sur Japon.

LIVRE D'HEURES DE MARIE DE BOURGOGNE

FILLE DE CHARLES LE TÉMÉRAIRE

FEMME DE MAXIMILIEN D'AUTRICHE

MANUSCRIT. — In-8, miniatures, bordures, etc., maroquin rouge, dos orné, fil. et comp. à la Du Seuil, tr. dor. étui (*Rel. anc.*). 30.000 fr.

Admirable manuscrit sur vélin, exécuté en France à la fin du XVe siècle, remarquable non seulement par la beauté de ses miniatures, qui sont certainement l'œuvre d'un des grands artistes de la Renaissance, mais encore par ses riches bordures qui diffèrent complètement de celles que l'on rencontre ordinairement dans les livres d'Heures ; on peut l'attribuer à BOURDICHON, élève de FOUQUET.

Le volume comprend en tout 93 ff., dont six pour le calendrier, écrit en noir, carmin et bleu, et trente-huit de ses pages sont ornées de miniatures représentant en tout SOIXANTE-QUATRE SUJETS DIFFÉRENTS, dont 12 pour les signes de Zodiaque, 12 pour des scènes de la vie seigneuriale ou des occupations de la campagne ; 25 sont relatives à la vie du Christ, 6 à la vie de la Vierge, 3 se rapportent à l'histoire de David et 6 à celle de Job. Quatre de ces miniatures occupent une page entière et quatre une demi-page environ, les autres remplacent des bordures, c'est-à-dire qu'elles sont en hauteur ou en travers sur la marge extérieure ou inférieure des pages où elles figurent. Toutes ces peintures sont remarquables par la science du dessin et la finesse de l'exécution ; les têtes sont d'une beauté idéale, les intérieurs représentés dans leurs moindres détails, les monuments supérieurement traités, les paysages ravissants ; en un mot tout y est rendu avec une délicatesse extrême. Il est à remarquer que dans trente-cinq miniatures représentant des sujets religieux, les vêtements du Christ, de la Vierge, des Saints, etc., sont peints en GRISAILLE ; de même les sujets en longueur, formant bordure sur la marge extérieure, ont généralement dans le haut un charmant motif d'architecture en grisaille dont la teinte est comme de l'argent brillant.

Toutes les pages du manuscrit sont ornées de riches encadrements dont quelques-uns, comme nous l'avons dit, sont formés entièrement ou en partie par des miniatures, et les autres par des compositions très curieuses et très variées. On voit, en contemplant ces dernières, que l'artiste a voulu s'affranchir des arabesques, enroulements de feuillage, etc., qui étaient communément mis en usage alors dans ce genre de décoration et créer du nouveau. En effet, à quelques rares exceptions près, les principaux motifs employés pour la composition de ces bordures sont plutôt empruntés aux figures géométriques qu'à la flore ou la faune. Ne pouvant en donner une description complète, les ornements qu'on y trouve ayant souvent une forme si bizarre qu'il serait difficile de leur donner un nom, nous nous bornerons à en décrire quelques-unes qui suffiront sans doute à en faire apprécier la valeur et l'intérêt. Plusieurs sont composées de bandes longitudinales, penchées, brisées, chevronnées, carrelées, croisées, etc., d'autres de losanges quelquefois fuselés, d'autres de triangles curieusement disposés, formant parfois des croix ou des étoiles, d'autres de chevrons souvent brisés, d'autres enfin de guidons, oriflammes, banderoles, etc., etc. Chaque bordure n'a qu'une de ces figures répétée à l'infini et de couleurs différentes, mais l'or, l'argent, le noir, le gris, le brun et le marron sont généralement seuls employés. Ces motifs sont presque toujours rehaussés d'arabesques ou de gracieuses tiges de fleurs peintes en or, en gris ou en bleuâtre ; on y remarque aussi quelques oiseaux, insectes et grotesques. D'autres encadrements sont formés de damiers, de carrelages et de parquetages exécutés en or, noir ou brun. Enfin, quelques bordures diffèrent complètement de celles que nous venons de décrire. Ici, on voit de grandes larmes d'or accompagnées d'arabesques bleuâtres, le tout sur fond noir ; là, des treillages sur lesquels courent des tiges de fleurs peintes en gris sur fond or ou noir ; plus loin, des semis soit de grandes feuilles de chênes, de houx ou de lauriers, soit de croix d'or simples ou recroisettées, soit enfin de cœurs, d'écus, etc., peints en or ou en noir sur fond blanc, marron ou noir. Comme on le voit, ce sont les couleurs un peu ternes qui dominent dans ces peintures, et ce n'est que de loin en loin que l'on rencontre quelques petites feuilles d'arbuste, des fleurettes et des fruits, pour lesquels le rouge, le vert et le bleu ait été employé, mais toujours très discrètement. Quoi qu'il en soit, l'artiste, malgré la bizarrerie de ses motifs de décoration, a su les agencer de telle sorte, les rehausser si habilement par des ornements divers dont l'or un peu éteint et les couleurs presque toujours claires atténuent la crudité du noir, du bleu et du marron et relèvent le blanc, ou le gris, que rien ici ne blesse le regard, tout y est harmonieux et d'une beauté, d'une originalité sans égales.

Sur plus de 60 pages, figurent, dans les ornements, les initiales A ou M répétées à l'infini et peintes en or, en noir et en gris, 4 pages portent en outre un semis soit de deux M seules enlacées, soit de ce dernier chiffre accompagné d'un A. Dans six bordures on remarque des banderoles peintes en noir ou en marron, sur lesquelles on lit l'inscription suivante en lettres d'or : JE PORTE UNE (ou UGNE) M. et enfin, quatre bordures sont ornées également de banderoles de diverses couleurs portant chacune une devise différente en lettres d'or; ces devises sont : TARDIF LE PERT ; ARDY LA GAIGNE ; A CUEURS AMANS ; SOURCE DE IÖE ; VIGILANTI NIL DIFICILE.

Ce superbe manuscrit a dû être exécuté pour MARIE DE BOURGOGNE, COMTESSE DE FLANDRES, fille unique de CHARLES LE TEMERAIRE, dernière héritière du duché de Bourgogne.

Elle épousa, en 1477, l'Archiduc d'Autriche MAXIMILIEN, malgré la volonté du Roi LOUIS XI. De ce mariage sont nés : PHILIPPE LE BEAU, père de CHARLES-QUINT, et MARGUERITE D'AUTRICHE, gouvernante des Pays-Bas.

Cette provenance illustre et historique est bien indiquée partout.

La miniature du mois de janvier représente CHARLES LE TEMERAIRE à table, le dos tourné à une grande cheminée sur laquelle figure un blason qui est l'écu de Flandres : *d'or, au Lion armé et lampassé de gueules*; celle du mois d'avril nous représente les portraits de MAXIMILIEN et de sa femme MARIE ; dans celle du mois d'août figure le portrait de MARIE DE BOURGOGNE. Les chiffres répétés à l'infini, M. M. A. veulent certainement dire MARIE-MAXIMILIEN-AUTRICHE.

Ce manuscrit, de première importance, est certainement un des plus beaux de l'ECOLE DE TOURAINE ; il est l'œuvre des mêmes miniaturistes qui ont fait les célèbres petites Heures d'Anne de Bretagne de la collection Didot. (Voir le catalogue illustré 1879).

GRADUEL A L'USAGE DE LA CHARTREUSE DE DIJON. —
in-fol., v. f. ant.   8.000 fr.

TRÈS CURIEUX MANUSCRIT du XVe siècle, sur VÉLIN, avec musique notée et portant dans des bordures les armes peintes de CHARLES LE TEMERAIRE, duc de Bourgogne.

Le volume, écrit en grosses lettres gothiques, comprend 225 ff. ch. (sauf 6, à la fin) et est orné de plus de QUATORZE CENTS INITIALES de divers genres et de dimensions variées, savoir : 1° deux très grandes lettres miniaturées, représentant la Trinité et un ange agenouillé, jouant d'une main d'un instrument et présentant de l'autre un lys à l Enfant Jésus assis sur les genoux de sa mère. 2° quatre très grandes lettres richement décorées en couleur sur fond d'or. 3° environ 580 grandes lettres, la plupart peintes en noir et des plus curieuses, elles sont agrémentées d'ornements divers et de têtes grotesques, le tout sur fond or pâle et légèrement rehaussé de couleurs. 4° plus de 800 lettres peintes en couleur rouge ou bleue, de dimensions variées dont les plus grandes atteignent jusqu'à 0.07 cent. carrés ; elles sont toutes placées sur un fond orné et d'une couleur opposée à la leur. — Les pages contenant les deux lettres miniaturées sont décorées de bordures sur trois côtés, et celles où figurent les quatre grandes lettres en couleur sur fond d'or ont un simple montant de bordure. Ces bordures sont composées d'arabesques, de feuillage et de fleurs en or et couleur ; elles contiennent toutes les armes de Charles le Téméraire, sauf deux qui ont les armes de Bourgogne. Toutes les autres lettres placées au bord du texte sont accompagnées d'ornements filiformes à l'encre rouge ou bleue s'étendant dans les marges.

Les ff. 118 à 123 contiennent un calendrier portant la mention des décès d'un bon nombre des membres de la maison de Bourgogne. Les fol. 124 et 125 (r°) offrent des prières et à la fin les importantes souscriptions suivantes qui nous fixent sur l'origine et la date d'exécution de ce manuscrit : *Correctus est super qtuor libro' cũ illo q̃ fuit correct' ĩ cartusia. — Iste liber est dom' scẽ Inĩtatis ord' cartus ppe divionẽ q̃ cōpletu' fuit ĩ dõa domo. ãno dõ M. c c'c c°. l x x°...*

Nombreuses notes et corrections marginales manuscrites du XVIIe siècle. — Hauteur : 359 mill.

La provenance de ce manuscrit est des plus importantes au point de vue historique. Charles le Téméraire est mort en 1476, sous les murs de Nancy, à l'âge de 44 ans.

Le Propriétaire-Gérant : THÉOPHILE BELIN.

Châteaudun. — Imprimerie de la Société Typographique (*Téléphone*).